Kirsten Brünjes

Lotta und Luis
entdecken Weihnachten

24 Vorlesegeschichten für die Adventszeit

Für Marita,

denn am Anfang stand ihre Ermutigung.

3. überarbeitete Auflage 2018
© 2011 Bibellesebund Verlag, Marienheide

Coverbild: Anna-Karina Birkenstock, Hennef
Umschlaggestaltung: Luba Siemens
Satz: Breklumer Print Service, Breklum
Druck: CPI Books GmbH, Ulm

ISBN 978-3-87982-946-0
Best.-Nr. 71030

www.bibellesebund.net

Inhalt

Vorwort

Lotta und Luis sind Geschwister, besondere Geschwister – sie sind Zwillinge. Sie sind beinahe sechs Jahre alt und gehen zusammen in den Kindergarten. Dort gehören sie zu den Vorschulkindern, weil sie im Sommer in die Schule kommen. Aber jetzt ist Winter, genau genommen ist Advent. Das sind die vier Wochen, in denen alle Kinder darauf warten, dass es endlich Weihnachten wird. Die großen Leute natürlich auch.

Damit das Warten nicht zu lang wird, habe ich mir für jeden Tag im Advent eine Vorlesegeschichte ausgedacht. Natürlich geht es darin um Lotta und Luis. Und natürlich auch um all die wichtigen Dinge, die man unbedingt über Weihnachten wissen sollte. Zum Beispiel: Was ein wirklich cooles Weihnachtslied ist, wer an Heiligabend zu Besuch kommt, ob der Nikolaus einen echten Bart hat und warum jede Schneeflocke anders aussieht als die anderen. Besonders gemütlich wird es beim Vorlesen an einem schönen, warmen Ort, vielleicht mit einem leckeren, weihnachtlichen Getränk. Dann kann es losgehen mit „Lotta und Luis entdecken Weihnachten"!

Eine spannende und schöne Adventszeit wünscht euch

Kirsten Brünjes

7

1. Dezember
Warten auf Weihnachten

Der erste Dezember ist immer etwas ganz Besonderes. Längst ist es draußen kalt geworden, und am Abend wird es schon vor dem Schlafengehen dunkel. Doch heute Morgen liegt knisternde Spannung in der Luft: Lotta und Luis öffnen die ersten Säckchen ihrer Adventskalender. Endlich beginnt die spannende Zeit vor Weihnachten.

Entlang der Wand, die Treppe hinauf zu den Schlafzimmern, haben Mama und Papa zwei Leinen festgesteckt. An jeder hängen 24 Stoffsäckchen, einmal in Blau für Luis und einmal in Rot für Lotta. Auf jedem dieser Säckchen steht eine Zahl von 1 bis 24 und ist mit einer kleinen Überraschung gefüllt.

Auch im letzten Jahr hatte Mama diesen Adventskalender für die Zwillinge aufgehängt. Luis kann sich noch gut erinnern, was darin versteckt war: Süßigkeiten, warme Socken, ein Knicklicht, ein kleines Auto, ein Flummi und vieles mehr.

Ganz gespannt öffnet Lotta ihr erstes Säckchen. Darin ist eine kleine Schneekugel. Auf dem Boden der Kugel steht ein Stall mit Maria und Josef. In einer Futterkrippe liegt das Jesuskind. Wenn Lotta die Kugel schüttelt, fliegen weiße Flocken darin umher.

„Oh, wie schön!", flüstert sie. „Weihnachten im Schnee!"

Jetzt ist Luis an der Reihe. Er hat gewartet, bis seine Schwester ausgepackt hat, damit es für ihn noch spannender wird. Er schüttet sein Säckchen aus und hält eine Klappkarte in der Hand. Darauf ist auch eine Krippe zu sehen, ein Stall und die Weihnachtsfamilie: Maria, Josef und das Jesuskind. Luis ist ein bisschen enttäuscht. Die Schneekugel von Lotta ist viel schöner. Mama scheint seine Gedanken lesen zu können.

„Klapp die Karte mal auf, Luis!", schlägt sie vor.

Luis faltet die Karte auseinander. Plötzlich ertönt Musik. „Ihr Kinderlein, kommet, o kommet doch all, zur Krippe her kommet ...", ertönt eine Kinderstimme.

Luis grinst. So gefällt ihm die Karte schon besser. Es sind sogar noch weitere Weihnachtslieder zu hören: „Alle Jahre wieder" und „Kommet, ihr Hirten".

Lotta schüttelt ihre Kugel und Luis hört sich die Lieder an. So sitzen die beiden zufrieden auf der Treppe.

„Mama", fragt Luis irgendwann. „Was steht denn hier in der Karte?"

„Warten auf Weihnachten!", liest Mama vor.

„Warum warten wir denn auf Weihnachten?", will Luis wissen.

„Weil es dann schneit!", weiß Lotta. „Und weil wir Geschenke kriegen!"

Mama lacht. „Ob es an Weihnachten schneit, kann vorher niemand so genau wissen. Geschenke gibt es natürlich, das stimmt. Aber die Hauptsache an Weihnachten ist, dass wir den Geburtstag von Jesus feiern."

„Und warum kriegen dann wir Geschenke und nicht Jesus?" Das findet Luis komisch.

Lotta hat eine Idee. „Vielleicht, weil der Geburtstag von Jesus ein ganz besonderer Geburtstag ist und wir uns alle mitfreuen sollen."

„Das ist eine sehr gute Erklärung", findet Mama. „Damals, vor zweitausend Jahren, als Jesus geboren wurde, haben die Menschen schon ganz lange auf einen Retter gewartet."

Luis legt seine Karte neben sich auf die Treppenstufe. „Warum mussten die denn gerettet werden? Ging es denen schlecht?"

„Ja." Mama erzählt: „Die Menschen in Israel durften nämlich nicht über sich selbst bestimmen. Die Römer hatten ihr Land erobert und die Israeliten mussten ihnen gehorchen. Das fanden die Leute natürlich nicht gut. Deshalb wünschten sie sich einen Retter. Außerdem hatte Gott ihnen vor ewig langer Zeit schon einen Retter versprochen. Als Jesus auf die Welt kam, hofften viele, dass Jesus dieser Retter ist, der sie von den Römern befreit."

„Und, hat er das gemacht?", fragt Luis gespannt.

Mama überlegt kurz. „Jesus ist tatsächlich der Retter, den Gott versprochen hat. Aber Jesus hatte etwas viel Wichtigeres vor, als die Leute in Israel von den Römern zu befreien: Er hat den Weg zwischen Gott und den Menschen wieder repariert. Der war nämlich kaputt, und das war viel schlimmer als alles andere."

„Und jetzt ist der Weg wieder in Ordnung?", will Lotta wissen.

Mama lächelt. „Ja. Und weil die Rettungsaktion von Jesus mit seiner Geburt im Stall von Betlehem begonnen hat, erinnern wir uns jedes Jahr an Weihnachten wieder daran und feiern ein großes Fest."

„Dann feiern wir an Weihnachten ja den Geburtstag von einem Superhelden!", stellt Luis fest und grinst.

„Ja, genau!" Mama lacht. „Jesus ist tatsächlich der größte Retter und Superheld, den es gibt!"

Wer kommt zu Besuch?

Am Nachmittag holt Mama zwei Kartons aus dem Keller.

„Habt ihr Lust, mit mir das Haus adventlich zu schmü-cken?", fragt sie die Zwillinge.

„Klar!", ruft Luis begeistert und hilft Mama dabei, die Gegenstände aus den Kartons auf dem Tisch auszubrei-ten. Da alles in Zeitungspapier eingewickelt ist, kann er noch nicht erkennen, was darin ist.

Vorsichtig beginnt er mit Lotta alles auszuwickeln. Die beiden staunen, was zum Vorschein kommt: Stroh-sterne, bunte Glaskugeln, Lichterketten, ein Nussknac-ker, Lichterbögen, Engel und vieles mehr.

Lotta tanzt mit einer glitzernden Girlande durch die Wohnung und singt: „Wir machen alles chic, chic, chic! Bekommen wir Besuch, Besuch? Wer kommt denn bloß, wer kommt denn bloß?"

Mama lächelt. „In den nächsten Wochen kommen verschiedene Leute zu Besuch, die sich bestimmt an der Deko freuen werden. Aber wir freuen uns ja auch selber daran. Ich mag die Adventszeit sehr gerne."

„Ich auch!", schwärmt Lotta. „Da ist alles so schön warm und hell."

„Und es gibt leckere Plätzchen", fügt Luis hinzu.

Mama lacht. „Stimmt. Die Adventszeit ist tatsächlich eine Zeit, in der wir an einen ganz besonderen Besucher denken, der damals beim ersten Weihnachten in unsere Welt kam."

„Der Superretter Jesus!", erinnert sich Luis.

„Genau!" Mama legt vorsichtig die Glaskugeln in eine Schale. „Damals konnten sich die Menschen nicht auf seine Ankunft vorbereiten. Die meisten bekamen erst davon mit, als er schon angekommen war. Aber wir heute wissen es und können uns in Ruhe auf seinen Geburtstag an Heiligabend vorbereiten."

Lotta schaut Mama mit großen Augen an. „Kommt Jesus denn an Weihnachten zu uns zu Besuch?"

Luis rollt die Augen. „Nein, Mama hat doch gesagt, dass wir an Weihnachten nur seinen Geburtstag feiern."

Mama legt einen Strohstern auf den Tisch und setzt sich neben Lotta auf den Boden. „Ihr habt beide ein bisschen recht. Ja, wir feiern an Weihnachten den Geburtstag von Jesus. Und ja, er besucht uns, aber nicht so, wie Tante Josi oder Oma und Opa."

Luis grinst zufrieden.

„Ich habe euch heute Morgen doch erzählt, dass Jesus den Weg zu Gott wieder repariert hat. Als sein Auftrag auf der Erde erfüllt war, ist er wieder zu seinem Vater in den Himmel zurückgekehrt. Bevor er gegangen ist, hat er seinen Freunden gesagt, dass er trotzdem weiter bei ihnen sein wird, auch wenn sie ihn nicht sehen können."

Lotta legt den Kopf schief. „Aber das geht doch gar nicht."

„Klar geht das", meint Luis wichtig. „Superhelden können das."

Mama lacht. „Stimmt, und das Schöne ist, dass Jesus heute auch hier bei uns ist. Das hat er uns in der Bibel versprochen. Wenn Papa oder ich beten, merkt ihr ja auch, dass wir so mit Jesus reden, als ob er im gleichen Raum wäre, obwohl wir ihn nicht sehen."

„Dann ist Jesus eigentlich das ganze Jahr bei uns zu Besuch, oder?", überlegt Lotta.

Mama nickt. „Genau. Aber an Weihnachten denken wir ganz besonders daran und freuen uns darüber, dass er zu uns gekommen ist."

„Und wir feiern seinen Geburtstag", ergänzt Luis.

„Dann sollten wir es jetzt hier ganz schön machen, damit Jesus sich bei uns wohlfühlt!", erklärt Lotta feierlich.

Gemeinsam verteilen sie alle Adventssachen in den Zimmern: Auf den Wohnzimmertisch kommt der Adventskranz, den Mama heute vom Markt mitgebracht hat. Lotta schmückt ihn mit dicken roten Kerzen, getrockneten Orangen und goldenen Sternen.

Luis verteilt mit Mama Lichtergirlanden. Die mit den Schneeflocken kommt ans große Fenster, die mit den vielen kleinen Lämpchen legen sie aufs Klavier. Die Sternenlichterkette wickeln sie um das Treppengeländer, wo schon die Stoffsäckchen hängen.

Zum Schluss stellen sie noch Engel und Lichterbögen auf die Fensterbänke. Dann setzen sie sich zufrieden aufs Sofa, trinken Adventstee und staunen: Alles sieht so festlich aus.

3. Dezember
Freundschaft für immer

Traurig kommt Lotta aus dem Kindergarten.

„Sophie will nicht mehr mit mir spielen", schluchzt sie. „Die will jetzt nur noch Aylins Freundin sein. Das ist so gemein!" Dicke Tränen rollen über ihre Wangen.

Mama nimmt Lotta erst einmal auf den Schoß.

Auch Luis versucht, seine Schwester zu trösten. „Ach, das hat die doch morgen schon wieder vergessen."

„Hat sie gar nicht! Das gilt für immer und ewig!" Jetzt weint Lotta richtig.

Mama streicht ihr über den Kopf. „Ich kann gut verstehen, dass dir die Worte von Sophie wehtun. Wenn jemand, den man lieb hat, so etwas sagt, ist das schlimm. Wir alle möchten uns darauf verlassen, dass unsere Freunde auch unsere Freunde bleiben."

Mama lächelt Lotta aufmunternd an. „Ich bin mir sicher, dass Sophie auch weiterhin deine Freundin sein will und ihr euch wieder versöhnen könnt. Vielleicht kannst du sie morgen mal fragen, warum sie das zu dir gesagt hat."

Lotta schüttelt trotzig den Kopf. „Nein, wenn die nicht mehr meine Freundin sein will, rede ich auch nie mehr mit ihr."

Luis rollt mit den Augen. Mädchen sind manchmal wirklich kompliziert. Obwohl – gestern hat er auch ganz schön heftig mit Joschua gestritten, weil der ihm in der Bauecke einen wichtigen Stein weggeschnappt hatte.

Vorsichtig streicht er Lotta über den Arm. „Du hast ja immer noch mich. Ich bleib immer dein Bruder."

Jetzt muss Lotta sogar ein bisschen lächeln.

„Wisst ihr, welcher Freund auch immer zu uns hält, egal wie gut oder wie dumm wir uns verhalten?", fragt Mama.

Die Zwillinge schütteln den Kopf.

„Kommt mal mit ins Wohnzimmer", sagt sie geheimnisvoll.

Lotta und Luis sind gespannt, was es dort Interessantes gibt. Sie setzen sich neben Mama aufs Sofa.

Die zeigt auf den Adventskranz. „Seht mal, der Kranz sieht wie ein Ring aus. Für mich ist das ein schönes Beispiel. Er erinnert mich an meinen Ehering. Papa und ich wollen für immer verheiratet bleiben. Und Jesus will für immer unser Freund bleiben. Da gibt es kein ‚heute – ja, morgen – nein'. Einmal hat Jesus von einem Sohn erzählt, der nichts mehr von seinem Vater wissen wollte und von zu Hause weggegangen ist. Als es ihm dann schlecht ging, kam er wieder zurück. Und der Vater nahm ihn trotz allem voller Freude wieder auf."

Luis ist beeindruckt. „Eigentlich hätte der Vater ja sauer auf den Sohn sein müssen. Der muss seinen Sohn ganz schön lieb gehabt haben!"

„Ja", sagt Mama. „Und so lieb hat Gott auch uns. Er ist ja auch unser Vater im Himmel. Und sein Sohn Jesus ist wie ein treuer Freund für uns. Er bleibt unser Freund, auch wenn wir Fehler machen."

„Diese Geschichte solltest du mal Sophie erzählen!", findet Luis. „Die soll Lotta gefälligst auch wieder als Freundin annehmen und ihr vergeben!"

„Aber ich hab doch gar nichts falsch gemacht!", jammert Lotta. Dann zögert sie einen Augenblick und zieht die Nase kraus.

„Oder vielleicht doch. Ich hab heute über Sophies Bild gelacht und gesagt, dass ihr Nikolaus wie der Gartenzwerg von unserer neuen Nachbarin, Frau Budde, aussieht."

Lotta legt erschrocken die Hand auf den Mund.

„Kann ich Sophie anrufen?"

Mama gibt die Nummer ein. Dann verschwindet Lotta mit dem Telefon in ihrem Zimmer.

Nach ein paar Minuten kommt sie strahlend zurück ins Wohnzimmer. „Ich hab Entschuldigung gesagt", jubelt Lotta. „Sophie war wirklich sauer auf mich, weil ich über ihr Bild gelacht hab. Jetzt sind wir wieder Freunde. Und nachher soll ich zu ihr zum Spielen kommen. Aylin ist auch da. Wir wollen zu dritt ihr neues Spiel ausprobieren!"

„Siehst du", sagt Luis, „ich wusste, dass ihr wieder Freundinnen werdet. Und im Notfall hast du immer noch mich und Jesus."

4. Dezember
Immer heller

Es ist Sonntagnachmittag. Die ganze Familie sitzt im Wohnzimmer und isst Christstollen. Ein Advents-Geschenk von ihrer neuen Nachbarin, Frau Budde.

„Christstollen schmeckt irgendwie nach Weihnachten", findet Mama.

Luis nickt und kaut mit vollen Backen. Papa zündet die erste dicke rote Kerze am Adventskranz an.

„Papa, warum können wir nicht einfach schon alle Kerzen anzünden?", will Luis wissen. „Wenn die nicht bis Weihnachten reichen, können wir doch neue kaufen."

Papa grinst. „Na, das wäre dann aber nicht der Sinn eines Adventskranzes."

„Erst eins, dann zwei, dann drei, dann vier, dann steht das Christkind vor der Tür!", fällt Lotta dazu ein.

„Und wenn das fünfte Lichtlein brennt", ergänzt Luis, „dann hast du Weihnachten verpennt!"

Alle müssen lachen.

„Das wäre ja schade", meint Papa, „wenn wir Weihnachten verschlafen oder verpassen würden!"

„Was ist denn jetzt mit dem Adventskranz?", will Luis wissen.

Papa überlegt kurz. „Was passiert, wenn wir jede Woche eine Kerze mehr anzünden?"

„Es wird immer etwas heller!", schlägt Lotta vor.

„Hell ist schön", findet Luis, „dann kann man besser sehen und spielen." Und man muss keine Angst haben, denkt er. Das sagt er aber nicht. Es braucht ja keiner wissen, dass er Angst hat, im Dunkeln allein in den Keller zu gehen.

„Stimmt, es wird mit jeder Kerze immer, immer heller", erklärt Papa. „Und unsere Vorfreude auf den Geburtstag von Jesus soll dadurch auch immer, immer größer werden. Außerdem hat Jesus selbst ganz viel Licht in die Welt gebracht."

„Versteh ich nicht!", meint Luis.

Papa überlegt. „Lotta hat erzählt, dass vor Kurzem in der Nacht beim Bäcker eingebrochen worden ist. Manche Menschen haben Angst vor Dunkelheit, weil dann etwas Schlimmes passieren könnte."

Luis nickt.

„Jesus ist aber stärker als alles Dunkle und Böse", erzählt Papa weiter. „Er will es vertreiben. Ich erzähle euch mal eine Geschichte: Es war einmal ein König, der hatte drei Söhne. Da er nicht wusste, welcher von ihnen sein Königreich erben sollte, stellte er ihnen eine Aufgabe. Er sagte: ‚Jeder von euch bekommt ein Goldstück. Derjenige, der mit diesem Geld etwas kaufen kann, das den Thronsaal füllt, erbt mein Königreich.' Der erste Sohn überlegte, was billig ist, ging auf den Markt und kaufte billiges Brot. Für sein Goldstück bekam er 7000 Brote, die verteilte er im Thronsaal. Der König war beeindruckt. Der zweite Sohn kaufte Heu beim Bauern. Für sein Goldstück bekam er 40 Anhänger voller Heu. Der Thronsaal war bis zur Hälfte gefüllt. Da staunte der König. Der dritte Sohn kaufte eine Kerze, stellte sie in die Mitte des Raumes und verdunkelte alle Fenster. Als der König eintrat, war es stockdunkel im Thronsaal. Der dritte Sohn zündete die Kerze an. Da wurde der ganze Saal bis in die letzte, kleine Ecke erhellt. Das überzeugte den König und er gab dem dritten Sohn sein ganzes Königreich!"

Der Vater der Zwillinge macht eine kleine Pause.

„Und so ist das mit Jesus. Er ist wie ein Licht für die Welt. Er hat sie heller gemacht, weil er jeden Menschen ganz doll liebt. Auch uns. Weil er immer da ist. Auch bei uns. Weil er gerne hilft, wenn wir Angst haben oder uns Sorgen machen."

Draußen ist es jetzt dunkel geworden. Papa pustet die Kerze aus. Schweigend sitzen die Zwillinge mit ihren Eltern eine Weile im Dunkeln. Dann zündet Papa die Kerze wieder an. Lotta und Luis beobachten, wie das Licht den ganzen Raum erhellt.

„Und nächste Woche ist es sogar noch ein bisschen heller, weil wir dann die nächste Kerze anzünden", grinst Luis.

5. Dezember

Morgen kommt der Nikolaus

Heute ist große Aufregung im Kindergarten. Alle reden vom Stiefelputzen, von Geschenken, Süßigkeiten und darüber, ob es einen echten Nikolaus gibt. Oder hat sich da nur jemand verkleidet?

Evelyn, die Erzieherin, hat nämlich erzählt, dass der Nikolaus morgen in den Kindergarten kommen wird.

Für Lotta ist klar, dass das der richtige Nikolaus ist. Der war schon im letzten Jahr da. Zuerst hatte er aus einem goldenen Buch vorgelesen und dann mit jedem Kind gesprochen. Er wusste, dass Lotta gerne Mama in der Küche hilft und hatte sie dafür gelobt. Woher hätte er so etwas wissen sollen, wenn er nicht echt wäre?

Luis ist sich da nicht so sicher. Vielleicht ist der Nikolaus ja nur ein ganz normaler Mann, der sich verkleidet hat? Er würde zu gerne herausfinden, ob das so ist oder nicht. Aber wie? Plötzlich hat er eine Idee. Luis grinst. Natürlich verrät er keinem etwas von seinem Plan. Der ist absolut geheim.

Am Nachmittag verkündet Lotta, dass sie jetzt ihre Schuhe putzen müsse. „Dann legt der Nikolaus mehr Geschenke rein", erklärt sie Mama. „Das hat mir Sophie erzählt. Und die muss es wissen, die hat nämlich im letzten Jahr ganz schön viel bekommen!"

Der Nikolaus kommt morgen ja nicht nur in den Kindergarten, sondern auch zu ihnen nach Hause, wenn sie noch schlafen.

Luis erinnert sich, dass seine Stiefel im letzten Jahr mit Mandarinen, einem kleinen Spielzeug und einem Nikolaus aus Schokolade gefüllt waren. Ob die Schuhe sauber waren, weiß er nicht mehr so genau.

Die Zwillinge lassen sich von Mama Schuhputzzeug geben. Jeder bekommt eine Bürste und einen Lappen, dazu für Luis braune Schuhcreme und für Lotta farblose.

Etwas neidisch schielt Luis auf Lottas hohe, lila Stiefel. In die geht viel mehr rein als in seine braunen Winterschuhe. Vielleicht sollte Luis seine Turnschuhe auch noch putzen? Schnell holt er sie aus dem Schuhschrank und beginnt, sie mit der Schuhcreme zu bearbeiten.

Aber, ach du Schreck, die weißen Turnschuhe sehen mit der braunen Schuhcreme aus wie nach einer Matschwanderung. Heimlich schleicht Luis ins Badezimmer und versucht, mit Klopapier und Wasser die Schuhe wieder weiß zu bekommen. Weil er so viel Klopapier verbraucht, betätigt er mehrfach die Klospülung.

„Luis!" Mama klopft an die Tür. „Ist alles in Ordnung bei dir?"

„Ja, ja, alles in Ordnung!", ruft Luis erschrocken. „Du kannst ruhig draußen bleiben!"

Mama bleibt noch kurz vor der Tür stehen, geht dann aber wieder.

Puh, Glück gehabt, denkt Luis erleichtert.

Er schämt sich ein bisschen, dass er so gierig auf Nikolausgeschenke ist. Die Turnschuhe werden leider nicht sauber, deshalb versteckt Luis sie schnell wieder im Schuhschrank.

Als Papa nach Hause kommt, fällt er beinahe über die geputzten Winterschuhe der Zwillinge. Die stehen nämlich direkt vor der Haustür auf der Fußmatte.

„Was ist denn hier los?", ruft er erstaunt. „Lotta, Luis, wollt ihr nicht mal eure Schuhe aufräumen?"

Die Zwillinge stürmen die Treppe hinunter.

„Aber Papa, morgen kommt doch der Nikolaus", ruft Lotta. „Hast du das vergessen?"

„Ach ja", erinnert sich Papa, „das hatte ich wirklich ganz vergessen."

Lotta und Luis schauen sich verwundert an.

„Wie gut, dass du uns hast", erklärt Lotta. „Sonst hättest du ganz vergessen, dass du nachher noch deine Schuhe putzen und vor die Tür stellen musst!"

Papa lacht und nimmt die Zwillinge in den Arm. „Ja, das wäre wirklich schlimm, wenn ich euch beide nicht hätte!"

6. Dezember

Kleine Helfer für den Nikolaus

Heute ist Luis als Erster wach – noch vor Papa. Zuerst überlegt er, ob er seine Schwester wecken soll, aber vielleicht ist die dann sauer. Also schleicht er auf Zehenspitzen bis zur Haustür und schaut durch die Glasscheibe. Und tatsächlich: Die Schuhe sind gefüllt! Aus jedem Paar schaut ein Nikolaus aus Schokolade heraus. Nüsse und Mandarinen kann Luis auch erkennen. Und unter jedem Paar Schuhe liegt ein Buch.

Aber wo sind die Stiefel von Mama und Papa? Luis wundert sich. Die haben doch tatsächlich vergessen, ihre Stiefel aufzustellen, obwohl Lotta Papa doch gestern noch mal daran erinnert hat. Jetzt muss Luis unbedingt Lotta wecken.

Leise schleicht er zurück und krabbelt in Lottas Bett.

„Lotta", flüstert er in ihr Ohr. „Der Nikolaus war da. Mama und Papa haben aber keine Stiefel hingestellt. Wach auf!"

Lotta grunzt ein wenig im Schlaf und öffnet ein Auge.

„Der Nikolaus?", murmelt sie und schließt das Auge wieder. Dann reißt sie beide Augen auf. Plötzlich ist Lotta hellwach.

„Der Nikolaus war da!", ruft sie begeistert.

„Pst", mahnt Luis, „Mama und Papa schlafen noch. Die haben aber gar nichts vom Nikolaus bekommen, weil sie ihre Stiefel nicht hingestellt haben!"

Lotta überlegt.

„Ich weiß was!" Sie springt aus dem Bett und läuft zur Haustür, um sich ihre Stiefel anzusehen. Dann flitzt sie zurück, holt Mamas und Papas Stiefel und füllt ein paar ihrer Mandarinen und Nüsse hinein.

Jetzt hat Luis kapiert, was seine Schwester vorhat. Er rennt in die Küche, holt ein paar Süßigkeiten aus dem Schrank und verteilt sie in die Schuhe der Eltern. Lotta holt noch Papas Autozeitschrift und ein Kochbuch aus dem Küchenregal und legt sie unter die Stiefel. Ja, jetzt sieht es so aus, als hätten alle etwas vom Nikolaus bekommen.

Plötzlich klingelt Papas Wecker. Ruckzuck sind die Zwillinge wieder in ihren Betten, ziehen die Decke bis zum Hals hoch und kneifen die Augen zu. Lottas Herz klopft so laut, dass sie es selbst hören kann. Hoffentlich merkt Papa nicht, dass sie dem Nikolaus geholfen haben!

Mama und Papa kommen leise ins Kinderzimmer und wecken die Zwillinge – sie wissen ja nicht, was die beiden schon angestellt haben. Luis gähnt ganz laut. Lotta dreht sich zur Wand und tut so, als ob sie weiterschlafen möchte.

„Der Nikolaus war da", flüstert Mama leise in Lottas Ohr.

„Oh!" Mehr fällt Lotta nicht ein, aber sie muss ein bisschen grinsen.

Gemeinsam gehen sie zur Haustür. Doch nun sind es Mama und Papa, die staunen. „Oh, der Nikolaus war da!"

Nach dem Frühstück kann Luis es gar nicht erwarten, in den Kindergarten zu gehen. Dort soll heute ja auch der Nikolaus vorbeikommen. Luis will ihn auf keinen Fall verpassen. Schließlich will er heute herausfinden, ob der Nikolaus tatsächlich echt ist oder nicht.

7. Dezember
Ein echter Bart?

Luis will heute unbedingt herausfinden, ob der Nikolaus echt ist oder nicht. Er kann es fast nicht erwarten, endlich in den Kindergarten zu kommen.

Während er mit Joschua in der Bauecke spielt, schaut er immer wieder erwartungsvoll zur Tür.

Als die Kinder sich im Stuhlkreis treffen, setzt er sich so, dass er die Tür im Blick hat. Evelyn, die Erzieherin, hält ein Bild von einem Mann hoch. Der trägt einen langen Umhang und eine hohe, spitze, goldene Mütze.

„So ungefähr sah Nikolaus aus", erzählt sie. „Er war ein Bischof. Das ist ein Mann, der eine Art Chef in der Kirche ist. Er wohnte in der Stadt Myra in der Türkei. Eine der Geschichten über ihn geht so:

In seiner Stadt herrschte eine große Hungersnot. Die Menschen hatten nichts mehr zu essen. Bischof Nikolaus hörte, dass ein Schiff im Hafen vor Anker liegt, das Getreide für den Kaiser in Byzanz geladen hatte. Er bat die Seeleute, einen Teil des Getreides auszuladen, um den hungernden Menschen zu helfen. Doch die Männer wollten nicht. Sie sagten, das Getreide wäre abgewogen, und sie müssten genau diese Menge beim Kaiser abliefern. Erst als Nikolaus ihnen versprach, dass ihnen kein Schaden entstehen würde, stimmten die Seeleute zu. Endlich hatten die hungrigen Menschen wieder etwas zu essen. Als das Schiff später in der Hauptstadt Byzanz ankam, wurde das Getreide gewogen. Und stellt euch vor: Das Gewicht stimmte. So hatte Bischof Nikolaus die Menschen in seiner Stadt vor dem Hunger gerettet. Er vertraute darauf, dass Gott ein Wunder tut und das Getreide im Schiff vermehrt. Das Getreide in Myra reichte für die Menschen volle zwei Jahre. Es war sogar noch so viel übrig, dass man einen Teil davon aussäte, damit neues Getreide wachsen konnte."

Evelyn stellt das Bild neben sich auf den Boden und lächelt. „Auch heute noch erleben wir den Nikolaus als einen guten Mann, der uns beschenkt."

Plötzlich klopft es laut an der Tür. Die Kinder zucken zusammen und schauen gebannt zu, wie sich die Tür öffnet und ein großer Mann den Raum betritt. Einige Kinder rufen erschrocken: „Der Nikolaus!"

„Da bist du ja, Nikolaus!", begrüßt Evelyn den Mann. „Wie schön, dass du uns besuchst."

„Ja, da bin ich!", sagt er und setzt sich auf den freien Stuhl neben Evelyn. Aus einem großen Sack holt er ein goldenes Buch heraus und ruft die ersten Kinder auf.

„Lotta und Luis. Kommt doch mal her zu mir!"

Aufgeregt gehen die Zwillinge zu dem großen Mann mit der goldenen, spitzen Mütze und dem langen, weißen Bart. Der lächelt sie freundlich an.

„Also", beginnt er und schaut dabei in das goldene Buch. „Ich muss schon sagen, ihr seid mir ein paar gute Helfer. Da konnte ich doch gestern Abend tatsächlich die Stiefel eurer Eltern nicht finden, weil sie die nicht geputzt und vor die Tür gestellt hatten. Aber ihr habt mir heute Morgen geholfen und gerade noch rechtzeitig die Stiefel von Mama und Papa gefüllt. Das habt ihr toll gemacht! Sollten eure Eltern im nächsten Jahr wieder nicht an ihre Stiefel denken, dann lassen wir sie aber leer ausgehen, oder?"

Der Nikolaus blinzelt mit seinem rechten Auge und lacht die Kinder an.

Lotta steht mit offenem Mund da. Das kann nur der richtige Nikolaus wissen.

Jetzt, denkt Luis, jetzt mach ich es. Er geht einen Schritt nach vorne und tut so, als ob er stolpern würde. Dabei fällt er dem Nikolaus direkt vor die Füße. Der hebt den Jungen hoch und setzt ihn auf seinen Schoß. Vorsichtig greift Luis in den Bart des Mannes und zieht ein wenig daran.

„Aua, das tut weh!", ruft der Nikolaus.

Beschämt schaut Luis auf den Fußboden.

„Entschuldigung", murmelt er.

Der Bart ist tatsächlich echt!

8. Dezember

Hallo, Schnee

Lotta schaut aus dem Fenster zum Himmel. Dicke graue Wolken ziehen vorüber. Noch ist keine einzige Schneeflocke zu sehen, obwohl Frau Budde von nebenan gesagt hat, dass heute der erste Schnee fallen soll. Lotta runzelt die Stirn. Wer macht eigentlich den Schnee? Und woher weiß der Schnee, dass Adventszeit ist und er vom Himmel fallen soll?

Lotta sucht Mama und findet sie im Wohnzimmer.

„Mama, wer macht den Schnee und woher weiß der, wann er fallen soll?"

Mama nimmt Lotta auf den Schoß. „Das Wetter ist eine spannende Sache. Als Gott die Welt geschaffen hat, hat er die Sonne, den Regen, den Wind – und auch den Schnee gemacht. Er hat alles sehr gut durchdacht." Mama überlegt kurz, bevor sie weiterspricht. „Mit dem Schnee ist das so: Er entsteht in den Wolken. Wenn es kalt ist, gefrieren dort die Wassertröpfchen zu Eiskristallen. Die wachsen und wachsen, bis daraus zum Schluss eine große und schwere Schneeflocke wird. Wenn sie zu schwer wird, fällt sie aus der Wolke auf die Erde."

„Kalt ist es draußen", überlegt Lotta. „Und Wolken sind auch da. Dann kann es doch jetzt schneien! Vielleicht kann ich ja ein Schneebild malen und den Schnee damit vom Himmel locken."

Lotta springt von Mamas Schoß. „Kannst du mir zeigen, wie man Schnee malt?" Bevor Mama antworten kann, ist Lotta schon aus dem Wohnzimmer geflitzt, um ein Blatt Papier und Stifte zu holen.

Als sie wieder zurück ist, malt Mama mit einfachen Strichen eine Schneeflocke auf das Papier. Lotta versucht sie nachzumalen, ist aber mit dem Ergebnis nicht zufrieden.

„Deine Schneeflocke sieht ganz anders aus als meine", sagt sie unglücklich. „Ich glaub, ich kann das nicht!"

„Doch, du machst das gut!", ermuntert Mama Lotta. „Schneeflocken sehen auch nicht gleich aus. Niemals sind zwei Flocken ganz gleich. Jede ist etwas ganz Besonderes. Bei uns Menschen ist es ähnlich wie bei den Schneeflocken. Auch Menschen sehen niemals ganz gleich aus. Jeder Mensch ist etwas ganz Besonderes. Jeden gibt es nur einmal auf der Welt."

Lotta staunt. Das hat Gott sich echt toll ausgedacht. Sie setzt sich an ihren Maltisch und beginnt, ein Bild mit ganz vielen Flocken in Hellblau zu malen, denn weiße Farbe auf weißem Papier sieht man ja nicht. Dann malt sie eine Wiese in Hellblau, weil es da schon daraufgeschneit hat. Und dazwischen malt sich noch ganz viele Gesichter – und jedes sieht anders aus.

Als Papa abends nach Hause kommt, rennt Lotta zur Tür und zeigt ihm ihr Winterbild.

„Guck mal, Papa!", erklärt sie begeistert. „Jede Flocke sieht anders aus. Und jedes Gesicht auch. So hat Gott sich das ausgedacht, damit jeder etwas Besonderes ist!"

Papa betrachtet Lottas Gemälde und streicht ihr durchs Haar. Auch Luis ist zur Tür gekommen. Papa nimmt die beiden auf den Arm und dreht sich mit ihnen im Kreis. „Stimmt, meine Zwillinge sind etwas ganz Besonderes!"

„Meine aber auch!", hören sie Mama aus der Küche rufen.

Da müssen alle lachen.

9. Dezember
Der Weihnachtsrap

In den letzten Tagen haben Lotta und Luis im Kindergarten eine Trommel gebaut. Die Zwillinge gehören zu den Vorschulkindern. Die dürfen manchmal schon etwas schwierigere Bastelarbeiten machen. Für die Trommel hat Evelyn, die Erzieherin, jedem Kind einen Blumentopf aus Ton gegeben. Den haben sie mit Weihnachtsbildern beklebt. Luis hat ganz viele Tannenbäume in allen Farben genommen und Lotta rote Engel und rosafarbene Glocken. Dann haben sie mehrere Lagen Butterbrotpapier über die große Öffnung geklebt. Zuletzt haben sie noch eine Kordel aus Wolle gedreht und damit das Papier zusätzlich am Topf befestigt. Natürlich haben sie die Trommel auch gleich ausprobiert und mit Evelyn zusammen Weihnachtslieder getrommelt. „Alle Jahre wieder" klappte schon ganz gut. Das müssen die Zwillinge später unbedingt Mama und Papa vorspielen. Evelyn erlaubt ihnen, die Trommeln mit nach Hause zu nehmen.

Die Zwillinge können es kaum erwarten, bis sie endlich mit dem Mittagessen fertig sind. Lotta findet, dass es noch schöner klingen würde, wenn Mama die Lieder auf dem Klavier begleitet. Mama ist einverstanden. Die Zwillinge stellen zwei Stühle neben Mamas Klavierhocker und setzen sich mit ihren Trommeln darauf.

Mama beginnt „Alle Jahre wieder" zu spielen. Die Kinder versuchen, dazu einen Takt zu schlagen. Das klappt einigermaßen, sodass sie es auch mit „O Tannenbaum" probieren. Das gelingt aber nicht wirklich.

„Ich finde das viel zu lahm", mault Luis. „Für eine Trommel braucht man Lieder, die richtig cool sind."

„Weihnachtslieder sind schön und nicht cool!", widerspricht Lotta.

„Aber Weihnachten ist doch auch cool. Warum kann es dann dazu nicht auch coole Lieder geben?" Luis lässt nicht locker.

„Was meinst du denn mit cool?", fragt Mama. „Meinst du damit, dass die Lieder mehr Rhythmus haben sollen?"

„Ja, genau!" Luis nickt.

„Also so etwas wie einen Rap?", überlegt Mama laut weiter.

„Was ist ein Rap?", will Lotta wissen.

„Ein Rap ist ein Lied, bei dem der Rhythmus wichtiger ist als die Melodie", erklärt Mama. „Und so einen Weihnachtsrap können wir uns auch selbst ausdenken."

„Au ja!", ruft Luis begeistert.

„Na, dann lasst uns mal überlegen, was zu Weihnachten gehört", schlägt Mama vor.

„Kugeln, Engel, Adventskranz, Adventskalender und Kerzen", ruft Lotta.

„Christstollen, der Geburtstag von Jesus, Geschenke und Weihnachtslieder", fällt Luis noch ein.

„Okay, das ist schon eine ganze Menge", stellt Mama lachend fest. „Dann lasst uns mit diesen Wörtern mal einen Liedtext erfinden, der sich auch rappen lässt!"

Sie holt einen Schreibblock und einen Stift und setzt sich mit den Zwillingen an den Tisch.

„Zuerst brauchen wir einen Rhythmus, den wir uns gut merken können", überlegt Mama. „Vielleicht einen, den ihr schon kennt."

Luis trommelt wild drauflos, wirft dabei seinen Kopf nach vorn und zurück und ruft immer mal wieder: „Yeah, yeah, yeah!"

Lotta schaut ihren Bruder an, als wäre er krank.

„Das kann sich doch keiner merken", stöhnt sie. „Und das ist viel zu wild!"

Dann ist sie an der Reihe und schlägt gleichmäßig auf die Trommel: eins, zwei, drei, vier.

„Superlangweilig", meint Luis dazu. „Dann können wir auch gleich bei den alten Weihnachtsliedern bleiben."

Nun versucht Mama es und klopft mit der Hand einen Takt auf den Tisch. Nach ein paar Versuchen hat sie einen Rhythmus gefunden, den die Kinder von einem Tischlied kennen: „Für dich und für mich ist der Tisch gedeckt." Eigentlich gehört er zu dem Lied „We will rock you" und ist wirklich cool. Schnell haben sie den richtigen Takt gefunden: kurz, kurz, lang, Pause – kurz, kurz, lang, Pause. Ja, das geht! Jetzt brauchen sie noch den Text.

„Und für dich und für mich ...", fängt Lotta an.

„... ist das Weihnachtsfest", macht Luis weiter.

„Ja, gut", meint Mama und schreibt mit.

„Jesus kommt in die Welt ...", beginnt Mama mit der nächsten Zeile.

„... jetzt am Weihnachtsfest", beendet Luis den Satz wieder.

Sie probieren noch weiter mit *Stollen* und *wollen*, *Engeln* und *drängeln*, *Licht* und *Sicht*. Aber sie können nicht alle Wörter verwenden.

Als der Rap fertig ist, liest Mama ihn vor:

Und für dich und für mich ist das Weihnachtsfest.
Jesus kommt in die Welt, jetzt am Weihnachtsfest.
Hat dich lieb, hat mich lieb jedes Weihnachtsfest.
Macht es hell, bleibt dein Freund auch den Lebensrest.

Luis ist begeistert. „Ja, das geht! Das ist cool, macht Spaß und ist sogar ein Weihnachtstext!"

Die drei üben noch einige Zeit, damit sie den Rap am Abend Papa vorführen können. Der wird ganz schön staunen!

10. Dezember

Leckere Weihnachtsplätzchen

Im Advent wird zu Hause bei Lotta und Luis an manchen Tagen die ganze Küche zur Backstube. Selbstgebackene Plätzchen gehören genauso zu Weihnachten wie ein Tannenbaum, findet Lotta. Heute ist der große Backtag. Am Nachmittag hat Mama verschiedene Schüsseln mit Plätzchenteig, Mandeln, bunten Zuckerstreuseln, Schokoladentropfen und Ausstechförmchen auf den Küchentisch gestellt. Die Zwillinge haben Schürzen umgebunden, die Ärmel hochgekrempelt und die Hände sauber geschrubbt. Mama heizt den Backofen vor. Aus dem CD-Player verbreiten Adventslieder leise Vorweihnachtsfreude. Luis formt aus einem Nussteig viele kleine Kugeln. Lotta nimmt einen Klumpen Teig und rollt ihn auf dem Tisch aus. Mama hilft dabei, denn der Teig klebt immer wieder an der Rolle fest. Lotta sucht sich drei Förmchen aus, um Plätzchen auszustechen: einen Stern, eine Glocke und ein Herz. Luis schaut seiner Schwester dabei zu.

„Mama", überlegt er, „wir backen doch jetzt Weihnachtskekse. Was hat denn der Stern mit Weihnachten zu tun?"

Mama legt Luis' Nusskugeln auf ein Backblech.

„In der Weihnachtsgeschichte, also der Geschichte von der Geburt von Jesus, kommt ein besonderer Stern vor", antwortet sie. „Der Stern von Betlehem. Dieser Stern war so außergewöhnlich, dass Sterndeuter in einem ganz fernen Land auf ihn aufmerksam wurden. Diese Männer glaubten, dass der Stern die Geburt eines großen Königs ankündigt. Deshalb machten sie sich auf den Weg, um diesem König Geschenke zu bringen. Das ist ein wichtiger Teil der Weihnachtsgeschichte, denn Gott hat damit gezeigt, dass Jesus für Menschen aus allen Ländern auf die Welt kommt. Die Leute aus Israel dachten nämlich, der Retter würde nur für sie kommen. Aber Gott will allen Menschen helfen – auch uns. Inzwischen feiern Menschen auf der ganzen Welt Weihnachten."

„Das hat Gott sich ja toll ausgedacht!", staunt Luis.

Mama nickt. Aber Luis ist noch nicht fertig mit seinen Gedanken.

„Wenn wir Weihnachtskekse als Sterne backen", überlegt er laut, „können wir doch auch die ganze Weihnachtsgeschichte backen, oder?"

Mama hebt ein paar Teigreste, die den Kindern heruntergefallen sind, vom Boden auf.

„Ja, Luis", stöhnt sie ein bisschen. „Eigentlich hast du recht. Auch wenn es mir schon reichen würde, einfach nur ein paar leckere Kekse zu backen!"

Lotta ist von der Idee total begeistert. „Juhu, ich backe das Jesusbaby und Maria!", jubelt sie.

Lotta und Luis einigen sich mit Mama darauf, zuerst ganz normale Plätzchen und dann die Figuren zu backen, die zu Weihnachten gehören. Dazu stechen sie zwei Kreise aus. Das sind die Köpfe von Maria und Josef. Dann stechen sie einen kleinen Kreis für Jesus, zwei Kreise für die Hirten und noch ein paar für die Sterndeuter aus. Mama formt für jede Person ein Dreieck aus dem Teig. Daraus machen sie die Kleidung. Mama erklärt, dass zu der Zeit, in der Jesus geboren wurde, Männer und Frauen so eine Art Kleid anhatten. Luis rollt für die Hirten zwei lange Würste, das sind die Hirtenstäbe. Mama formt zwei Schafe. Lotta sticht noch einige Herzen aus.

„Wofür sind die denn?", will Luis wissen. „Wir haben doch schon genug normale Plätzchen."

„Das sind die Geschenke der Sternmänner!", erklärt Lotta. „Mama hat doch gesagt, dass sie Jesus toll fanden. Und wenn ich jemanden toll finde, dann male ich ihm ein Herz!"

Eine gute Idee, finden Luis und Mama. Nun können die Figuren der ganzen Weihnachtsgeschichte in den Ofen. Nach dem Backen werden die Plätzchen mit Zuckerguss und Streusel verziert.

„Das sieht aber toll aus", meinen die Zwillinge einmütig.

11. Dezember
Die Weihnachtsfamilie

Als Papa am Abend nach Hause kommt, duftet es im ganzen Haus nach Plätzchen.

„Mmh, hier riecht es aber gut. Wart ihr etwa fleißig?", begrüßt er die Zwillinge.

„Ja", strahlt Lotta, „und du errätst nie, was wir gebacken haben!"

Papa guckt ein bisschen fragend.

„Na, Plätzchen natürlich – das rieche ich doch!"

„Aber nicht irgendwelche, sondern ganz besondere", sagt Lotta und grinst noch mehr.

„Rat doch mal, rat doch mal!", singt sie und tanzt um Papa herum.

Papa wundert sich nur und schüttelt den Kopf. Da lacht Lotta, springt ihm in die Arme und lässt sich hochheben.

„Die Weihnachtsfamilie!", flüstert sie ihm ins Ohr.

Papa staunt und Lotta zieht ihn ins Wohnzimmer. Auf einer weißen Tischdecke liegen die Weihnachtsfamilie-Plätzchen, die die Zwillinge am Nachmittag gebacken haben: Jesus, Maria, Josef, zwei Hirten, einige Männer mit je einem Herzen in der Hand und zwei Schafe. Luis ist gerade dabei, aus Bauklötzen ein Haus um die Weihnachtsfamilie zu legen.

„Das habt ihr aber toll gemacht", staunt Papa. „Wen habt ihr denn da gebacken?"

„Das ist die Weihnachtsfamilie", erklärt Luis. „Die Männer mit dem Stab sind die Hirten und die mit den

Herzen die Sternmänner. Die wollten Jesus nämlich was schenken, weil sie den so toll fanden. Das mit den Herzen war Lottas Idee. Du kannst uns doch eigentlich mal die Weihnachtsgeschichte erzählen, dann hast du auch mitgeholfen!"

Papa setzt sich mit den Zwillingen aufs Sofa. Mama kommt auch dazu und zündet zwei Kerzen vom Adventskranz an. Papa erzählt:

„Die Geschichte von Weihnachten beginnt mit einem Kaiser, der Augustus hieß. Augustus wollte gerne wissen, wie viele Menschen in seinem Land lebten. Damit jeder nur einmal gezählt wurde, sollte jeder Mann mit seiner Familie zu dem Ort reisen, in dem er geboren worden war. Dort sollten dann alle in eine Liste eingetragen werden. Josef, ein Mann aus der Stadt Nazaret, hatte kurz vorher etwas Besonderes erlebt: Ihm war ein Engel begegnet.

‚Josef', hatte der Engel zu ihm gesagt, ‚deine Verlobte Maria wird einen Sohn bekommen, den sollst du Jesus nennen. Jesus ist Gottes Sohn.'

Josef glaubte an Gott und an das, was der Engel gesagt hatte. Weil er auch auf den Kaiser hören musste, reiste er mit Maria in die Stadt, in der er geboren worden war. Diese Stadt hieß Betlehem und war ganz schön weit weg. Maria hatte schon einen dicken Babybauch. In Betlehem angekommen, fanden sie aber kein Zimmer, weil schon viele andere Leute dorthin gekommen waren, um sich in die Listen eintragen zu lassen. Dann geschah es: Maria merkte, dass das Baby zur Welt kommen wollte. Weil es aber in den Unterkünften in Betlehem keinen Platz mehr gab, musste Maria ihren Sohn Jesus in einem Stall zur Welt bringen. So wurde der große, mächtige Gott ein ganz kleiner, hilfloser Mensch. Statt in einem prächtigen Palast wurde Gottes Sohn in einem dreckigen Stall geboren. Daran denken wir jedes Jahr an Weihnachten. Draußen auf den Feldern waren in dieser Nacht Hirten. Die passten auf ihre Schafe auf. Plötzlich wurde es ganz hell. Da stand ein Engel bei ihnen und sagte: ‚Fürchtet euch nicht, ihr Hirten. Ich bringe euch gute Nachricht! Heute Nacht wurde euer Retter geboren. Ihr findet das Baby in einem Stall in Betlehem. Dort liegt es in einer Futterkrippe. Geht schnell hin und überzeugt euch selbst!' Da rannten die Hirten los. Als sie im Stall ankamen, staunten sie: Alles war so, wie der Engel es gesagt hatte."

Als Papa mit seiner Geschichte aufhört, ist es zuerst ganz still im Zimmer. Dann setzt Lotta sich auf.

„Oh, Mama, dann müssen wir morgen noch mal backen – wir haben ja den Engel vergessen!"

12. Dezember
Schnee-Engel

Am nächsten Morgen ist irgendetwas anders als sonst. Luis braucht eine ganze Weile, um herauszufinden, was es ist. Es ist dunkler im Zimmer. Durch das Dachfenster kommt kaum Licht herein. Das kann nur eins bedeuten: Es hat geschneit. Schnee liegt auf dem Dach und dem Dachfenster. Luis springt aus dem Bett und flitzt die Treppe hinunter. Den ersten Schnee muss Luis unbedingt sofort anfassen. Er reißt das Küchenfenster auf. Der Schnee ist so hoch, dass Luis' Hand darin versinkt.

„Hey, mach das Fenster zu, Luis. Es wird ja eiskalt!" Mama ist gerade in die Küche gekommen.

„Darf ich sofort raus in den Schnee?" Luis kann es kaum noch aushalten.

„Na, bis zum Frühstück kannst du raus", lacht Mama. „Aber sag Lotta Bescheid, die wartet doch auch schon so sehr auf den Schnee!"

Luis rennt zurück ins Kinderzimmer.

„Es hat geschneit!", ruft er ganz laut.

Normalerweise kann Lotta es überhaupt nicht leiden, wenn sie geweckt wird, aber bei so einem wichtigen Grund ist das natürlich in Ordnung. Die Zwillinge ziehen sich schnell an und toben kurz darauf durch den Garten. Mama hat Schwierigkeiten, die beiden zum Frühstück wieder reinzuholen und rechtzeitig in den Kindergarten zu bekommen. Sie muss versprechen, nach dem Mittagessen sofort mit ihnen hinauszugehen, um ein Iglu zu bauen. Das hilft.

Nachmittags gehen Mama und die Zwillinge in den Garten und häufen mit Schaufeln und Eimern einen großen Berg aus Schnee auf. Luis beginnt, mit seiner Schippe einen Tunnel zu graben. Lotta wirft derweil noch mehr Schnee auf das Iglu. Bald können sie zu zweit hineinkriechen. Es ist zwar eng, aber gemütlich. Langsam wird es dunkel. Mama fegt mit der Hand den Schnee von der Gartenbank. Dann setzt sie sich, um sich auszuruhen.

„Wisst ihr eigentlich, wie man Schnee-Engel macht?",
fragt sie die Zwillinge.

Lotta und Luis schütteln den Kopf. Mama legt sich an
eine Stelle in den Schnee, wo er noch unberührt ist, und
bewegt im Liegen die Arme und Beine hin und her. Dann
steht sie vorsichtig auf. „Was seht ihr da im Schnee?",
fragt sie die Zwillinge.

„Weiß nicht!", sagt Luis und zuckt mit den Schultern.

„Ein Mensch mit was an den Armen dran!", erkennt
Lotta. „Ich weiß!", sagt sie nach einer kurzen Pause geheimnisvoll: „Das ist ein Engel!"

Tatsächlich, der Abdruck im Schnee sieht wie ein Engel aus. Die Flügel sind da, wo Mama die Arme hin- und
herbewegt hat. Und der lange Rock ist da, wo sie ihre
Beine hin- und herbewegt hat. Das wollen die Zwillinge
sofort nachmachen.

„Jetzt haben wir doch noch den Engel aus der Weihnachtsgeschichte", freut sich Lotta. „Da brauchen wir
heute nicht mehr zu backen."

„Zum Backen ist es jetzt wohl auch zu spät", lacht
Mama. „Ich hab eine Idee!", ruft sie plötzlich und geht
ins Haus.

Als sie zurückkommt, hält sie einen Korb mit ausge-
spülten Marmeladegläsern aus dem Keller, ein Paket
Teelichter und Streichhölzer in den Händen.

„Wenn wir die Teelichter anzünden und in die Gläser
stellen", erklärt Mama, „leuchten unsere Schnee-Engel
wie die Weihnachtsengel in der Geschichte von der Geburt von Jesus."

„Aber Papa hat doch gestern nur von einem Engel gesprochen", überlegt Luis. „Und wir haben drei!"

„Da hast du gut zugehört, Luis. Papa hat einen kleinen Teil in der Geschichte ausgelassen: Nachdem der Engel den Hirten von der Geburt von Jesus erzählt und ihnen gesagt hatte, wo sie es finden, kam ein ganzer Engelchor. Dieser Chor hat davon gesungen, wie großartig Gott ist, und hat den Menschen Frieden gewünscht", erzählt Mama.

„Dann brauchen wir noch mehr Engel für einen ganzen Chor!", meint Lotta.

Während die Zwillinge die Engelschar vergrößern, zündet Mama Lichter an und stellt sie in die Engelsfiguren. Dann gehen sie ins Haus und setzen sich mit warmem Tee ans Fenster. Draußen leuchten die Engel. Mama hat alle Lichter im Zimmer ausgemacht, damit sie die Engel im Garten besser sehen können.

„Das sieht schön aus", seufzt Lotta.

13. Dezember
Die Schlittenfahrt

Es ist Wochenende. Über Nacht hat es noch mehr geschneit. Alle Tannen haben eine dicke Schneemütze auf. Die Treppe zur Garage ist so zugeschneit, dass man keine Stufen mehr erkennen kann. Noch vor dem Frühstück gehen Lotta und Luis mit Papa nach draußen, um Schnee zu schippen. Papa stöhnt und schwitzt. Er schaufelt einen riesigen Haufen Schnee auf den freien Stellplatz neben der Garage. Lotta und Luis rutschen mit ihren Poporutschern von diesem Hügel in den Garten.

„Das ist viel zu lahm", mault Luis. „Das ist ja was für Babys! Können wir heute Nachmittag nicht mal richtig Schlittenfahren gehen? So ganz schnell?!"

Papa wischt sich den Schweiß von der Stirn.

„Ja, das machen wir. Am Nachmittag gehen wir Schlittenfahren."

„Hurra!", rufen Lotta und Luis wie aus einem Mund.

Auch Mama ist einverstanden. So ziehen sie einige Zeit nach dem Mittagessen mit ihren Bobs und einem Schlitten los. Es dauert eine Weile, bis sie an der Schlittenwiese ankommen. Lotta hat zwischendurch schon keine Lust mehr.

„Mein Bob ist so schwer", jammert sie. „Wie weit ist es noch?"

Auf der Wiese ist viel los. Kinder und Erwachsene fahren um die Wette. Luis und Lotta schauen sich das Treiben eine Weile an, dann springt Luis in seinen Bob und saust los. Die Fahrt wird immer schneller. Die Bahn ist schon gut ausgefahren. Im unteren Teil haben ein paar große Jungs eine Sprungschanze gebaut. Luis saust an der Schanze vorbei und kommt kurz vor dem Zaun am Ende der Wiese zum Stehen.

„Das geht aber ganz schön ab hier!", sagt Mama erleichtert, weil Luis nichts passiert ist. „Vielleicht sollten wir erst einmal zusammen fahren, Lotta, was meinst du?"

Aber Lotta schüttelt den Kopf. Nein, sie will noch nicht fahren. Sie will erst einmal zuschauen. Luis kommt wieder oben an. Seine Wangen sind ganz rot vor Kälte und Aufregung.

„Boah, das war toll!", ruft er. „Los, Lotta, wir machen ein Wettrennen!"

Lotta schüttelt wieder den Kopf.

„Ich traue mich nicht!", flüstert sie.

„Dann fahr ich mal!", verkündet Papa, setzt sich auf den Schlitten und saust den Berg hinunter.

Luis beobachtet die großen Jungs an der Sprungschanze. Die Schanze ist hoch, sie geht ihm bestimmt bis zur Schulter. Die Jungs fahren nacheinander mit großem Abstand auf die Schanze zu, bremsen vorher ein wenig ab und fliegen dann in hohem Bogen über die Schanze. Bums, macht es beim Landen. Die Jungs lachen.

„Jetzt komm ich!", ruft Luis, springt in seinen Bob und fährt auf die Schanze zu. Papa kommt gerade den Berg herauf, als er Luis auf die Schanze zusteuern sieht. Luis wird immer schneller, bremst aber nicht ab.

„Halt, Luis!", ruft Papa. „Bremsen, du musst bremsen! Fahr vorbei!"

Doch Luis steuert ohne zu bremsen auf die Schanze zu und dann – hebt er ab.

„Oh nein", flüstert Mama.

Lotta greift erschrocken nach Mamas Hand. Selbst die großen Jungs neben der Schanze reißen vor Staunen und vor Schreck die Augen auf. Luis fliegt durch die Luft. Er scheint gar nicht mehr auf den Boden zu kommen. Doch dann schlägt er mit einem gewaltigen Krachen auf. Sein kleiner Körper sackt kurz zusammen, bevor er wieder in die Höhe geworfen wird. Luis fliegt die Mütze vom Kopf. Dann landet er in einem großen Schneehaufen. Der Bob fährt in den Zaun am Ende der Wiese.

Lotta schreit, springt in ihren Bob und saust zu ihrem Bruder. Sie kommt gleichzeitig mit Papa bei Luis an. Mama rennt den Hang hinunter. Luis sitzt im Schnee und grinst. Papa nimmt ihn in den Arm.

„Alles in Ordnung?"

Luis nickt.

„Mensch, Luis, so was kannst du doch nicht machen!", sagt Papa. „Das ist viel zu gefährlich!"

Mittlerweile ist auch Mama bei Luis angekommen.

„Das darfst du nicht noch mal machen, Luis", stößt sie etwas atemlos hervor. „Wir können froh sein, dass gerade ein Engel gut auf dich aufgepasst hat!"

„Finde ich auch, Kleiner!", meint einer der großen Jungs.

Er steht hinter Papa, Mama und den Zwillingen und hat den Bob mitgebracht.

„Die Schanze ist eigentlich nur was für große Jungs!", sagt er grinsend.

Dann klopft er Luis anerkennend auf die Schulter und geht zurück zu seinen Freunden.

Abends nimmt Mama Luis noch einmal ganz fest in den Arm.

„Mein kleiner Schatz", sagt sie, „ich bin froh, dass dir nichts Schlimmes passiert ist. Trotzdem bitte ich dich, ein bisschen vorsichtiger zu sein. Gott hat uns zwar versprochen, dass seine Engel bei uns sind und auf uns aufpassen, aber wir müssen auch vernünftig sein. Versprochen?"

„Versprochen!", murmelt Luis und kuschelt sich an Mama.

„Was meint ihr", wendet Mama sich an die Zwillinge, „wollen wir Gott Danke sagen, dass er Luis bei seinem Flug bewahrt hat?"

Damit sind die beiden einverstanden.

14. Dezember
Der Wunschzettel von Jesus

„Nun wird es aber Zeit, dass ihr eure Wunschzettel fertig macht", sagt Mama am nächsten Tag beim Mittagessen zu den Zwillingen.

Lotta kann sich einfach nicht entscheiden, ob sie lieber einen Puppenwagen haben möchte oder ein Puppenhaus.

„Wünsch dir doch gleich beides", schlägt Luis vor.

Aber das findet Lotta zu viel. Luis hat damit gar kein Problem. Was hatte Papa gesagt? „Wünschen darf man sich alles. Das heißt aber nicht, dass man alles bekommt." Für Lotta ist es aber ganz wichtig, dass sie das, was sie sich wünscht, auch bekommt.

Nun sitzen die beiden am Küchentisch mit Schere, Stiften, Kleber und einem Spielzeugkatalog und basteln ihren Wunschzettel. Lotta kaut auf ihrem Stift. Luis blättert im Katalog. Jetzt hat Lotta sich entschieden: Sie will den Puppenwagen haben. Ganz sicher. Sie schneidet einen rosafarbenen Puppenwagen aus dem Katalog aus.

„Mama", überlegt Lotta beim Ausschneiden, „du hast doch gesagt, wir feiern an Weihnachten den Geburtstag von Jesus. Hat der denn auch einen Wunschzettel?"

Luis schaut auf.

„Stimmt, warum bekommen wir denn Geschenke, wenn Jesus Geburtstag hat?"

„Genau!", meint Lotta. „Wir können Jesus doch auch etwas schenken, oder? Du hast ja gesagt, dass er da ist, auch wenn wir ihn nicht sehen!"

„Puh, das sind aber eine Menge Fragen auf einmal", stöhnt Mama. „Ja, Weihnachten feiern wir den Geburtstag von Jesus. Ja, wir können Jesus auch etwas schenken. Ja, Jesus hat auch so etwas wie einen Wunschzettel."

Lotta und Luis schauen sich an. Jetzt sind sie genauso schlau wie vorher. Mama blickt in ihre verdutzten Gesichter.

„Na", lacht sie, „das reicht wohl nicht an Erklärung. Ihr wisst doch: Als Jesus erwachsen war, hat er den Menschen von Gott, seinem Vater im Himmel, erzählt. Dabei hat er sich auch etwas von den Menschen gewünscht. Die wollten nämlich wissen, was das Wichtigste ist, was ein Mensch tun kann. Darauf hat Jesus geantwortet: ‚Liebe Gott im Himmel so sehr du kannst. Und die Menschen um dich herum genauso sehr wie dich selbst.‘ Jesus wünscht sich also, dass wir ihn und die Menschen, die wir kennen, lieb haben."

Jetzt ist ein dicker Klecks Klebstoff auf Lottas Wunschzettel getropft. Sie hat so aufmerksam zugehört, dass sie gar nicht mehr an den Kleber gedacht hat.

„Igitt", ruft sie, „jetzt ist alles verschmiert!"

„Dann machst du es eben noch mal!", meint Luis. „Oder du wartest, bis der Kleber trocken ist!"

So einfach ist das für Lotta nicht. Schließlich soll der Wunschzettel schön aussehen. Deshalb hat sie den schönsten Puppenwagen ausgesucht. So einen gibt es nicht noch einmal im Katalog. Und genau auf diesem Puppenwagen befindet sich der dicke Klecks Klebstoff. Unglücklich wartet Lotta, bis alles getrocknet ist. Warten ist aber langweilig und Lotta überlegt, was sie in der Zeit tun kann. Da hat sie eine Idee:

„Ich bastle jetzt den Wunschzettel von Jesus. Den hängen wir auch mit auf!", beschließt sie.

„Ich helfe dir!", freut sich Luis.

Auf seinen Wunschzettel passt sowieso nichts mehr, so vollgeklebt ist er. Lotta malt einen Adventskranz. Aber statt der roten Kerzen malt sie lauter Herzen auf den Kranz. Die Herzen bedeuten Liebe, und der Adventskranz soll daran erinnern, dass die Liebe für immer gelten soll. Luis schneidet aus dem Katalog ein paar Kinder aus, die fröhlich miteinander spielen, und klebt sie dazu. In einem Bücherkatalog findet er noch ein Bild von der Kinderbibel, die sie im Schrank haben.

„Die Bibel passt gut", sagt Luis. „Daraus lesen Mama und Papa uns immer mal Jesusgeschichten vor. Dann steht in der Bibel bestimmt auch, dass es am wichtigsten ist, Gott und die Menschen lieb zu haben!"

Später hängen sie alle drei Wunschzettel an die Wand über ihre Adventskalender: einen Wunschzettel von Lotta, einen von Luis und einen von Jesus.

15. Dezember

Bekommen nur liebe Kinder Geschenke?

Lotta sitzt mit Sophie und Aylin, ihren Freundinnen, in der Puppenecke im Kindergarten. Sie spielen Vater, Mutter, Kind. Lotta ist die Mutter, Sophie der Vater und Aylin das Kind. Mutter Lotta ist gerade dabei, Weihnachtsplätzchen im Puppenbackofen zu backen. Aber Kind Aylin will nicht helfen.

„Wenn du jetzt der Mama nicht hilfst, Kind", schimpft Papa Sophie, „dann bekommst du nichts zu Weihnachten! Nur liebe Kinder kriegen nämlich Geschenke!"

Da bekommt Kind Aylin große Augen und hilft lieber schnell beim Plätzchenbacken.

Zu Hause will Lotta gleich in ihr Zimmer. Sie kommt am Adventskalender vorbei. Das Säckchen für Luis, das morgen dran ist, ist ganz dick. Ihres sieht fast leer aus. Das ist unfair, findet Lotta. Luis hat heute schon ein Spielzeugauto und sie nur ein paar Klebebildchen mit Prinzessinnen bekommen. Sie schaut sich um, ob jemand in der Nähe ist. Vorsichtig öffnet sie Luis' Kalendersäckchen. Gut fühlt sie sich dabei nicht, aber sie möchte unbedingt wissen, ob Luis wieder etwas Schöneres bekommt als sie. Lotta setzt sich auf die Treppe und holt eine Fußballtasse aus Luis' Säckchen. Die ist cool!

Da ruft Mama aus der Küche: „Lotta, kommst du auch zum Essen?"

Lotta bekommt einen gewaltigen Schrecken und lässt die Tasse fallen. Es klirrt und scheppert, als sie zerspringt. Überall liegen Scherben. Lotta beginnt zu weinen. Mama und Luis kommen die Treppe herauf und sehen eine weinende Lotta mit Luis' blauem Kalendersäckchen in der Hand. Auf den Treppenstufen liegt die zerbrochene Fußballtasse. Mama kann zuerst gar nichts sagen. Luis hat schnell kapiert, was gerade passiert ist.

„Spinnst du?!", brüllt er. „Das ist mein Kalender! Du kannst mir doch nicht die Geschenke in meinem Kalender klauen!"

Wütend will er auf seine Schwester losgehen, doch Mama hält ihn fest.

„Luis, geh bitte schon mal in die Küche", sagt sie ernst. „Ich möchte mit Lotta allein reden."

Luis gehorcht nur widerwillig. Mama setzt sich zu Lotta auf die Treppe. Sie muss gar nichts fragen, Lotta beginnt schon von allein:

„Das wollte ich nicht!", schluchzt sie. „Das tut mir so leid! Ich wollte doch nur mal gucken, warum Luis' Säckchen so viel dicker ist als meins. Krieg ich jetzt nichts zu Weihnachten?"

Mama hebt die Scherben auf.

„Was hat denn die zerbrochene Tasse mit deinen Weihnachtsgeschenken zu tun?", fragt sie verwundert.

Lotta wischt sich die Tränen ab.

„Sophie hat heute im Kindergarten gesagt, dass nur liebe Kinder Geschenke zu Weihnachten bekommen. Und ich war ja jetzt nicht lieb."

Mama schaut Lotta an.

„Es war falsch, Luis' Adventskalender zu öffnen. Ich denke, du musst dich bei ihm entschuldigen und überlegen, wie du das wieder in Ordnung bringen kannst."

Lottas Mutter macht eine kurze Pause.

„Was die Weihnachtsgeschenke angeht", sagt sie dann, „da hat Sophie unrecht. Jesus ist in die Welt gekommen, weil er die Menschen lieb hat. Alle, die guten und die bösen. Wir alle machen Fehler: du, Luis, Papa, ich und alle Menschen. Vieles können wir wieder in Ordnung bringen – aber nicht alles. Jesus ist auf die Erde gekommen, um allen Menschen zu helfen."

Mama überlegt eine Weile. Lotta bleibt still neben ihr sitzen.

„Ich glaube", fährt Mama nachdenklich fort, „am meisten Hilfe und Liebe brauchen die Menschen, die böse sind. Papa und ich haben euch beide ganz doll lieb, auch wenn ihr mal böse seid. Deshalb brauchst du keine Angst zu haben, dass du keine Geschenke bekommen wirst."

Lotta hat aufgehört zu weinen. Sie weiß nicht genau, ob sie alles verstanden hat, was Mama gesagt hat. Aber eins hat sie verstanden: Jesus hat sie trotz allem noch lieb – und Mama und Papa lieben sie auch. Sie schaut auf die Scherben in Mamas Hand.

„Kann ich Luis von meinem Geld eine neue Tasse kaufen?", schnieft sie.

Mama nickt. Lotta geht in die Küche. Sie entschuldigt sich bei Luis und verspricht ihm, es wieder in Ordnung zu bringen.

„Na, da bin ich ja mal gespannt!", grummelt Luis. So richtig versöhnt ist er noch nicht.

16. Dezember
Etwas ganz Besonderes

Am Nachmittag ist Luis bei seinem Freund Joschua. Das passt gut, denn dann kann Lotta mit Mama eine neue Tasse besorgen. Schließlich möchte Lotta die zerbrochene Tasse aus Luis' Kalender ersetzen, bevor die Zwillinge morgen früh wieder ihren Adventskalender öffnen. Im Laden kann Lotta sich nicht entscheiden. Es gibt so viele tolle Tassen, aber leider keine Fußballtasse mehr. Soll sie jetzt die mit dem Motiv von Wickie, dem Wikinger, nehmen – oder die mit der süßen Maus? Auf der Mäusetasse steht: Du bist etwas ganz Besonderes! Luis findet Mäuse bestimmt nicht cool, aber dafür ist der Spruch so schön. Lotta läuft zwischen den Tassen hin und her.

„Nun, Lotta, welche möchtest du? Wir wollen ja nicht den ganzen Nachmittag hier verbringen!" Mama wird langsam ungeduldig.

Lotta macht die Augen ganz fest zu und überlegt noch einmal: Wickie oder Maus, Maus oder Wickie? Sie öffnet die Augen und nimmt die Mäusetasse.

„Die da möchte ich!", sagt sie entschieden.

Mama lächelt. Lotta geht mit der Tasse zur Kasse. Sie holt den 5-Euro-Schein aus ihrem Portemonnaie, den sie von Oma und Opa zum Nikolaus bekommen hat. Eigentlich wollte sie sich davon einen schönen Glitzerstab kaufen. Sophie hatte so einen in ihrem Adventskalender. Aber nun ist es viel wichtiger, die Sache mit Luis wieder in Ordnung zu bringen.

„Da hast du aber eine hübsche Tasse ausgewählt", meint die Verkäuferin freundlich. „Ist die für dich?"

Lotta schüttelt den Kopf. Darüber möchte sie mit dieser fremden Frau nicht reden.

„Aber da fehlt ja die Maus!" Die Verkäuferin schaut in die Tasse. „Warte, ich hole dir eine andere."

Die Frau greift nach einer anderen Tasse aus dem Regal. Tatsächlich! In der Tasse sitzt eine kleine Stoffmaus.

„Ist die niedlich!", staunt Lotta.

Sie bezahlt und bekommt noch etwas Geld zurück, aber für den Glitzerstab wird das nicht reichen. Zu Hause füllen Mama und Lotta das Säckchen von Luis mit der Mäusetasse. Lotta kann den nächsten Morgen kaum erwarten, so aufgeregt ist sie.

Endlich ist es so weit und die Zwillinge sitzen auf der Treppe. Jeder hält sein Kalendersäckchen in der Hand. Diesmal wartet Lotta darauf, dass Luis seines zuerst auspackt. Hoffentlich freut er sich! Luis öffnet sein Säckchen. Da schaut ihm die kleine Maus entgegen.

„Wie süß!" Ein Lächeln breitet sich auf seinem Gesicht aus.

Lotta ist erleichtert. Luis holt die Tasse heraus und zeigt auf die Schrift.

„Was steht da?", fragt er Mama.

„Du bist etwas ganz Besonderes!", liest Mama vor.

Da strahlt Luis noch mehr und gibt Lotta einen Kuss. Das ist auch etwas ganz Besonderes, denn Luis küsst ganz selten jemanden. Jetzt strahlt auch Lotta. Nur ganz kurz denkt sie noch einmal an Sophies Glitzerstab. Aber der ist ihr jetzt gar nicht mehr wichtig. Es fühlt sich nämlich so schön an, wenn man etwas wieder richtig in Ordnung bringen konnte. Nun möchte sie aber auch wissen, was in ihrem Stoffsäckchen ist. Das fühlt sich so leer an. Sie greift ganz tief hinein und holt einen Ring heraus. Es ist ein silberner Ring mit einem rosafarbenen Herzen.

„Oh, wie schön!", flüstert sie.

Dann fällt ihr ein, was Mama über Ringe gesagt hat: Sie sind ein Zeichen für Liebe – für immer. Dann ist jetzt alles wieder gut. Luis und Lotta haben sich vertragen. Lotta fühlt sich ganz erleichtert. Mama hat gesagt, dass Jesus sich freut, wenn Menschen sich vergeben und wieder vertragen. Bestimmt freut Jesus sich jetzt auch, denkt Lotta.

17. Dezember

Eis für Papa

Die letzten Tage war es so bitterkalt, dass der Schnee liegen geblieben ist. Doch in der vergangenen Nacht hat es geregnet. Jetzt ist alles gefroren – und spiegelglatt.

An diesem Morgen werden die Zwillinge von einem lauten Schrei geweckt. Luis ist als Erster aus dem Bett und rennt die Treppe hinunter. Auch Mama steht schon an der Haustür und schaut in die morgendliche Dunkelheit. Auf der Auffahrt zur Garage liegt eine dunkle Gestalt und stöhnt. Schnell zieht sich Mama eine Jacke an und schlüpft in ihre Stiefel.

„Halt du die Tür auf, Luis, und warte, bis ich wiederkomme!", ruft Mama. Schon ist sie verschwunden.

„Ist das Papa?", fragt Luis voller Angst.

Er sieht, wie Mama die dunkle Gestalt erreicht.

„Tom, was ist passiert?", ruft sie erschrocken.

Papa stöhnt.

„Kannst du aufstehen? Soll ich einen Krankenwagen holen?" Mama ist ganz aufgeregt.

Papa stöhnt weiter. Jetzt sieht Luis, wie Papa behutsam versucht, mit Mamas Hilfe auf die Beine zu kommen. Er stöhnt immer noch laut und geht ganz krumm bis zur Haustür. Mama muss ihn stützen. Als er im Haus ist, legt er sich erst einmal auf den Teppich im Flur.

Lotta kommt die Treppe herunter. Als sie Papa sieht, der sich vor Schmerzen krümmt, beginnt sie zu weinen.

„Papa, Papa", schluchzt sie, „was hast du denn?"

Mama weiß nicht, wen sie zuerst trösten soll. Sie nimmt Lotta fest in den Arm und schickt die Zwillinge dann nach oben.

„Zieht euch schnell an", meint sie. „Ich bringe euch in den Kindergarten und fahre danach mit Papa zum Arzt!"

Während Mama zuerst mit Papas Chef und danach mit dem Arzt telefoniert, stellt Luis in der Küche Müsli und Milch auf den Tisch. Lotta holt Schälchen und Löffel. Frühstück müssen sie heute allein machen. Aber das können sie ja schon – besonders in einem Notfall wie diesem! Papa liegt immer noch auf dem Teppich. Mama ist draußen und streut Salz wegen der Glätte. Gemeinsam helfen sie danach Papa ins Auto und fahren zuerst zum Kindergarten. Lotta ist ganz unglücklich und setzt sich gleich auf den Schoß ihrer Erzieherin. Mit Tränen in den Augen schaut sie sie an.

„Wird Papa wieder gesund?", schnieft sie.

Evelyn, die Erzieherin, nimmt Lotta fest in den Arm.

„Ganz bestimmt ist dein Papa bis Weihnachten wieder gesund", tröstet sie Lotta. „Mal ihm doch ein schönes Bild. Dann freut er sich, wenn du es ihm heute gibst."

In der Mittagszeit kommt Mama wieder in den Kindergarten. Lotta und Luis laufen ihr über den Flur entgegen. Sofort wollen sie wissen, wie es Papa geht. Evelyn natürlich auch.

„Wir waren im Krankenhaus, weil unser Hausarzt meinte, dort könnte Papa besser untersucht werden", erzählt Mama. „Er hat eine Steißbeinprellung, das ist ganz unten am Rücken und ist sehr schmerzhaft. Er wird ein paar Tage brauchen, bis er wieder richtig gehen und sitzen kann. Aber zum Glück ist nichts gebrochen. Heute sind viele Leute auf dem Glatteis ausgerutscht. Im Krankenhaus habe ich einige mit gebrochenen Armen und Beinen gesehen. Da ist es bei Papa noch mal gut gegangen."

Zu Hause liegt Papa auf dem Sofa. Die Zwillinge stürmen auf ihn zu und drücken ihn vorsichtig.

„Tut es doll weh?", will Lotta wissen.

„Ich habe eine Spritze mit einem Schmerzmittel bekommen. Die hilft jetzt erst mal ganz gut!" Papa lächelt sogar ein bisschen.

Er sieht aber ziemlich zerschrammt aus, besonders an den Händen.

„Was meint ihr, wollen wir auf den Schrecken heute Mittag ein großes Eis essen?", schlägt Mama vor. „Ich hatte ja noch keine Zeit zum Kochen."

„Oh nein!", stöhnt Papa. „Von Eis habe ich für heute genug!"

Da müssen alle lachen! Aber einen Eisbecher zum Mittagessen lassen die Zwillinge sich nicht entgehen – und Papa auch nicht.

18. Dezember

Ein Geschenk für Haruna

Nach seinem Sturz auf der eisglatten Auffahrt muss Papa zu Hause bleiben. Die Zwillinge sind begeistert. Auch Papa freut sich, dass er nun mehr von der Adventszeit mit den Kindern hat. Am Nachmittag haben Lotta und Luis alle Weihnachtsbücher zum Sofa geschleppt. Papa kann zwar noch nicht gut gehen und sitzen, aber lesen, das kann er. Die Zwillinge hören gespannt zu, wie Papa von Weihnachten in anderen Ländern vorliest. Lotta und Luis staunen, wie unterschiedlich Kinder Weihnachten feiern. Papa liest von einem Jungen in Ghana, der Haruna heißt. Ghana liegt in Afrika. Weihnachten ist es dort sehr heiß. Es gibt auch keine Weihnachtsbäume, und weil Haruna aus einer armen Familie kommt, gibt es an Weihnachten keine großen Geschenke. Nur ein paar Bonbons. Das findet Lotta traurig.

„Können wir Haruna nicht etwas zu Weihnachten schenken?", schlägt sie vor.

„Das ist doch nur eine Geschichte." Luis verdreht die Augen. „Den Haruna gibt es gar nicht in echt. Und selbst wenn es den gibt, weißt du denn, wo der wohnt?"

„Haruna können wir vielleicht kein Weihnachtsgeschenk machen", mischt Papa sich ein. „Aber anderen armen Kindern schon."

Papa blättert in der Zeitung, die er heute Morgen gelesen hat.

„Wartet mal", murmelt er plötzlich. „Da habe ich doch etwas gelesen. Hier: In unserer Stadt wird gemeinsam mit den Kirchen eine Hilfe für arme Menschen eingerichtet. Im Rathaus können Kleidung, Spielzeug und Lebensmittel gespendet werden. Außerdem bitten die Menschen, die dieses Hilfsangebot leiten, um Weihnachtsgeschenke für arme Kinder. Dazu sollen Schuhkartons mit Spielzeug, Schals, Mützen, Kuscheltieren und Süßigkeiten gefüllt und in Geschenkpapier eingepackt werden. Die Kartons können bis zum 22. Dezember bei der Stadt oder in den Gemeindebüros abgegeben werden."

„Können wir da mitmachen?" Lotta sieht Papa fragend an.

Papa nickt. Mit Mamas Hilfe holen sie alles, was sie brauchen, zum Sofa: Geschenkpapier, zwei Schuhkartons und Süßigkeiten. Lotta läuft in ihr Zimmer und kommt mit einem alten Teddy und einem Spiel zurück.

„Das brauche ich nicht mehr!", sagt sie entschlossen.

„Ja", lächelt Papa. „Aber in die Kartons sollen neue Sachen, so steht es in der Zeitung."

„Wieso denn das?", will Luis wissen. „Was Lotta gebracht hat, ist doch noch gut."

„Ja, schon", erklärt Papa, „aber die armen Kinder bekommen viele alte Sachen. Da können sie zu Weihnachten doch mal etwas Neues bekommen, oder?"

Das verstehen die Zwillinge.

„Ich könnte in der Schatzkiste nachsehen", schlägt Mama vor.

Die Schatzkiste steht im Keller und wird von Mama gefüllt, sobald sie günstig schöne Spielsachen kaufen kann, auch wenn gerade niemand ein Geschenk braucht. So ist für besondere Momente immer ein Vorrat an Geschenken im Haus. Diese „Schätze" sind heute genau richtig: Bilderbücher, Autos, ein Teddybär, ein roter Schal mit Blümchen, Sterne, die im Dunkeln leuchten, ein buntes Pony mit Regenbogenmähne und andere schöne Sachen. Manches würde Luis gerne selbst behalten, aber dann denkt er an die Geschichte von Haruna. Lotta hat recht, findet Luis. Da möchte er auch helfen.

Schließlich haben sie zwei Kartons bis zum Rand mit schönen Sachen gefüllt und hübsch eingepackt. Mama fährt mit den Zwillingen zum Rathaus. In einem großen Raum stehen einige Frauen und Männer und sortieren bunte Schuhkartons. Die Zwillinge staunen, weil es so viele Kartons sind. Eine ältere Frau strahlt Lotta und Luis an, als sie die beiden Kartons entgegennimmt.

„Da habt ihr aber ein gutes Werk getan", freut sie sich. „Dann dürfen sich noch zwei Kinder mehr zu Weihnachten freuen. Gott segne euch!"

Abends im Bett denkt Luis noch einmal an den Raum mit den vielen Kartons. Es fühlt sich gut an, wenn man anderen hilft, findet er.

19. Dezember

Die leuchtenden
Weihnachtskrippen

Heute geht es Papa schon ein bisschen besser. Trotzdem muss er noch zu Hause bleiben. Beim Mittagessen überlegen die Kinder, was sie am Nachmittag machen wollen.

„Wir können doch was basteln!", schlägt Lotta vor. Lotta bastelt schrecklich gerne.

„Och nö, lieber was bauen!", mault Luis.

„Wie wäre es", überlegt Mama, „wenn wir beides machen? Ihr könntet den Omas und Opas zu Weihnachten doch etwas Selbstgemachtes schenken. Papa und ich helfen euch dabei."

„Was können wir denn da bauen?" Luis ist noch nicht zufrieden.

„Ich weiß etwas!", sagt Papa. „Mit den Plätzchen habt ihr doch die Weihnachtsfamilie gebacken. Wir könnten für die Großeltern je eine Weihnachtskrippe machen. Und wenn sie am ersten Weihnachtstag zu uns kommen, bauen wir die beiden Weihnachtskrippen auf. Anschließend dürfen sie die Krippen als ihr Geschenk mit nach Hause nehmen."

Alle sind damit einverstanden.

„Wenn wir sie schon aufstellen, sobald wir fertig sind, haben wir bis Weihnachten selbst noch etwas davon!", schlägt Mama vor.

„Eine gute Idee", freut sich Papa. „Luis und ich bauen den Stall und die Futterkrippe. Backt ihr die Figuren?"

Lotta und Mama sind einverstanden. Luis und Papa holen zwei Kartons aus dem Keller. Sie schneiden die vier Klappen von den oberen Öffnungen ab und stellen die Kartons so auf, dass die Öffnungen nach vorn zeigen. Jetzt kann man in den offenen Stall hineinschauen. Seitlich und hinten schneiden sie Fenster hinein. Luis bemalt die Kartons mit brauner Farbe, während Papa Fensterscheiben aus Transparentpapier in die Fensteröffnungen klebt. Auf das Dach kleben sie Strohhalme mit Heißkleber. In den Stall kommt Heu von den Kaninchen.

Mama hat Salzteig geknetet. Mit Lotta formt sie daraus Josef, Maria, Jesus, Hirten, Könige und Schafe. Diesmal denken sie auch an den Engel. Natürlich brauchen sie jede Figur doppelt. Einmal für Oma Ida und Opa Klaus und einmal für Oma Franzi und Opa Oskar. Dann schieben sie die Figuren genau wie beim Plätzchenteig in den Backofen. Nur, dass die Figuren aus Salzteig steinhart wieder herauskommen. Essen kann man sie nicht. Anschließend bemalen Lotta und Mama sie mit Acrylfarbe. Bis zum Abendessen sind sie beschäftigt.

„Puh, das war ganz schön anstrengend", findet Lotta.

Während Mama das Abendbrot vorbereitet, stellt Papa die beiden Weihnachtskrippen auf. Eine kommt auf den Esstisch, die andere aufs Klavier. So kann man sie von überall im großen Wohnzimmer sehen. Lotta erinnert sich an die Weihnachtsgeschichte.

„Mama, war es in dem Weihnachtsstall eigentlich schön?", fragt sie.

Mama muss erst noch ein Stück Brot herunterschlucken.

„Was meinst du denn mit schön, Lotta?", will sie wissen.

„Na ja, Jesus ist doch der Sohn von Gott", versucht Lotta es noch einmal. „Und der muss es doch schön haben bei der Geburt. Der ist doch ganz wichtig. Wäre er nicht besser in einem Krankenhaus zur Welt gekommen?"

„Krankenhäuser gab es zu der Zeit nicht", erklärt Mama. „Babys kamen zu Hause auf die Welt. Aber das ging bei Jesus nicht. Maria und Josef mussten ja nach Betlehem, weil der Kaiser die Menschen zählen wollte. Ich weiß nicht, ob es in dem Stall schön war. Aber ich glaube, Gott wollte es gar nicht schön haben. Gott wollte ein ganz normaler Mensch werden. Deshalb wurde sein Sohn Jesus bei ganz normalen Leuten in ganz einfachen Verhältnissen geboren. Jesus wurde kein verwöhntes Königskind, sondern ein Mensch, der weiß, wie es ist, wenn nicht alles schön ist. Deshalb versteht Jesus uns Menschen auch so gut und kann uns so gut helfen."

„Ich will aber, dass Jesus es schön hat", platzt es aus Luis heraus, der bisher still zugehört hat.

Luis läuft zu dem Schrank, in dem die Weihnachtssachen aufbewahrt werden und kommt mit zwei Lichterketten zurück.

„Ich finde Jesus toll", sagt er entschlossen. „Und ich will, dass es bei Jesus im Stall auch toll aussieht."

Mit diesen Worten legt er in jeden Stall eine Lichterkette und steckt die Stecker in eine Steckdose. Jetzt strahlt aus jedem Stall warmes Licht.

20. Dezember

Jesus, hörst du mich?

Papa kann endlich wieder gehen. Das ist praktisch, denn heute wollen Lotta und Luis mit Mama und Papa einen Weihnachtsbaum besorgen. Dafür fahren sie in den Wald. Ein Freund von Papa ist nämlich Förster. Jedes Jahr darf sich die Familie in seinem Wald einen Baum aussuchen. Das ist immer ein Abenteuer. Mit Säge und heißem Tee bepackt stapfen sie so lange durch den Wald, bis sie den richtigen Baum gefunden haben. Das kann schon mal ein bisschen länger dauern. Mama mag große, schmale Bäume, Papa kleine, dicke.

Es hat wieder geschneit. So beginnt der Ausflug direkt mit einer Schneeballschlacht. Luis trifft Papa an der Mütze.

„Volltreffer!", johlt er begeistert.

„Na, warte!", ruft Papa. „Wenn ich dich kriege, dann stecke ich dich mit dem Kopf zuerst in den Schnee!"

Aber so schnell ist Papa noch nicht. Immer wieder werfen sie mit Schneebällen und verstecken sich hinter kleinen Tannen, um nicht getroffen zu werden. Papa versucht Lotta zu fangen, die sich unter einem großen Tannenzweig versteckt. Da wirft Mama einen Schneeball und trifft Papa am Rücken. Der wirbelt herum und humpelt Mama schnell hinterher.

Glück gehabt, denkt Lotta.

Sie krabbelt noch tiefer unter die Tannenzweige. Hier ist es ganz ruhig. Die Sonne funkelt zwischen den Ästen hindurch. Der Schnee glitzert wie Edelsteine. Lotta kann sich gar nicht sattsehen. Und so merkt sie nicht, dass die anderen schon weitergegangen sind. Zuerst hört sie noch ihr Lachen und Rufen. Dann ist es still. Lotta fällt das erst gar nicht auf. Doch dann schreckt sie plötzlich aus ihren Träumen hoch und krabbelt hastig unter der Tanne hervor.

„Mama, Papa, Luis – wo seid ihr?"

Sie kann niemanden mehr sehen. Lotta blickt sich hektisch um. In welche Richtung sind sie wohl gelaufen? Schließlich entscheidet sie sich für den Weg mit den vielen Fußstapfen und rennt los. Dort, hinter der nächsten Biegung, wird sie Mama, Papa und Luis wohl eingeholt haben. Doch auch da ist kein Mensch zu sehen. Nun ist auch noch die Sonne hinter den Wolken verschwunden.

Lotta ist in eine ganz andere Richtung gelaufen als der Rest der Familie. Da sie gerannt ist, hat sie sich ein ganzes Stück von Mama, Papa und Luis entfernt. Lotta kommen die Tränen. Sie bleibt stehen und horcht angespannt. Außer ihrem schnellen Atem und laut klopfenden Herzen kann sie nichts hören. Keine Stimmen von Mama, Papa und Luis. Gerade will sie weiterrennen, da fällt ihr die Weihnachtsgeschichte ein. Hat Mama nicht gesagt, Jesus habe sie lieb?

Dann will er doch bestimmt nicht, dass ich mich im Wald verlaufe, denkt Lotta. Sie fasst einen Entschluss: Mitten im Wald setzt Lotta sich neben den nächsten kleinen Tannenbaum in den Schnee und betet: „Jesus, hörst du mich?" Die Worte kommen ganz leise, fast geflüstert. „Jesus, Mama hat gesagt, du bist ein Freund für immer. Ich bin ganz alleine und könnte jetzt einen Freund gebrauchen. Ich habe Mama, Papa und Luis verloren. Ich weiß nicht mehr zurück. Kannst du mir helfen?"

Lotta horcht, ob sie die Stimme von Jesus hören kann. Aber sie hört nur ein paar Vögel zwitschern, sonst nichts. Plötzlich bricht die Sonne wieder durch die Wolken und der Schnee beginnt von Neuem wie Edelsteine zu funkeln. Fasziniert blickt Lotta auf den glitzernden Schnee und die leuchtenden Eiszapfen. Dann schließt sie kurz die Augen. Da hört sie es.

Eine Stimme ruft ihren Namen: „Lotta, Lotta, wo bist du?"

Lotta springt auf.

„Papa, Papa, hier bin ich!", jubelt sie.

Gerade will sie losrennen, da fällt ihr ein, dass sie vielleicht wieder in die falsche Richtung läuft. Deshalb bleibt sie neben dem Tannenbaum stehen und antwortet auf Papas Rufen:

„Hier, Papa, hier!"

So geht es eine Weile hin und her.

„Lotta, Lotta!"

„Hier, Papa, hier!"

„Lotta!"

„Hier!"

Papa kommt immer näher. Endlich kann sie ihn sehen. Erst dann rennt sie los und fliegt in seine Arme. Papa drückt sie fest an sich. Da kommen auch Mama und Luis angerannt. Alle umarmen sich, bis sie fast keine Luft mehr kriegen. Papa spricht als Erster:

„Lotta, du machst Sachen!", lacht er überglücklich. „Wie bist du denn verloren gegangen?"

„Ich hab mich versteckt", erzählt Lotta, „und ihr habt mich nicht gefunden. Der Schnee hat so schön geglitzert, da hab ich nur gestaunt und gar nicht mehr auf euch geachtet. Ich wollte euch suchen, aber ihr wart weg. Und dann hab ich geweint und Jesus gefragt, ob er mir hilft. Und plötzlich habe ich dich rufen gehört!"

„Das hast du richtig gemacht", sagt Mama und gibt Lotta einen Kuss. „Wenn du in Not bist, erzähl es Jesus. Er lässt dich nicht im Stich. Und wenn du verloren gehst, wartest du besser, bis die anderen zurückkommen, dann können sie dich leichter finden."

Jetzt fühlt sich Lotta schon viel besser.

„Nun müssen wir aber noch einen Baum finden, bevor es dunkel wird", meint Papa.

„Ich weiß einen", ruft Lotta, „die kleine Tanne, an der ich auf euch gewartet hab. Die ist so schön. Da hab ich im Schnee gesessen. Und Jesus hat mich gehört."

Fröhlich ziehen sie wenig später mit ihrem Weihnachtsbäumchen nach Hause. Lotta hält Mamas Hand ganz fest, damit sie nicht noch mal verloren geht.

21. Dezember

Ein Hirte ohne Geschenk?

Im Kindergarten ist es heute ganz geheimnisvoll. Es ist der letzte Tag vor den Weihnachtsferien.

Die Kinder haben seit Wochen ein Theaterstück für die Eltern eingeübt. Es erzählt die Weihnachtsgeschichte so, wie ein paar Hirtenjungen sie erlebt haben könnten. Nur die großen Kindergartenkinder, die Vorschulkinder, dürfen dabei mitspielen, denn jeder musste einen Text lernen.

Heute Nachmittag soll das Stück aufgeführt werden. Lotta und Luis sind auch dabei. Lotta spielt einen Engel, Luis einen Hirtenjungen. Die kleine Turnhalle des Kindergartens wird am Morgen in ein Theater verwandelt. Gemeinsam mit Evelyn, der Erzieherin, bauen die Kinder das Bühnenbild. Aus einem Rasenteppich wird das Feld und aus Kissen mit Pappgesichtern werden Schafe. In einem geöffneten Zelt aus braunem Stoff steht eine große Holzkiste mit einer Puppe. Das ist das Jesuskind in der Futterkrippe. Hinter diesem „Stall" bauen Lotta, Luis und die anderen Kinder aus Kästen eine kleine Bühne für den Engelchor. Dann proben sie ein letztes Mal.

„Oh, wie ist das aufregend", findet Lotta.

Am Nachmittag ist die Halle voller Eltern. Sie sitzen auf Turnbänken und den kleinen Kindergartenstühlen. Mama und Papa haben in der zweiten Reihe Platz gefunden und winken den Zwillingen zu. Die können vor Aufregung kaum atmen. Lotta hat sogar ein bisschen Bauchweh.

Dann geht es los. Evelyn begrüßt die Eltern, während die Kinder sich auf der Bühne verteilen. Das Licht geht aus. Nun wird der Raum nur von dem Feuer der Hirten, einer großen Laterne, erhellt. Ganz still ist es in der Halle. Plötzlich wird der Engelchor mit einem hellen Baustrahler angeleuchtet. Zu fetziger Musik aus dem CD-Player singen Lotta und die anderen Engel das Lied „Kommet, ihr Hirten". Dann tritt Lotta ein kleines Stück vor.

„Hey, ihr Hirten!", ruft sie laut. „Schlafen könnt ihr ein anderes Mal. Heute ist etwas Großartiges passiert: Gottes Sohn ist geboren. Er ist in einem kleinen Stall zur Welt gekommen, in Betlehem. Los, macht euch auf die Socken und schaut ihn euch an. Das ist das Größte, was je passiert ist!"

Die Hirten springen auf.

„Boah, super!", ruft Joschua. „Da müssen wir sofort los. Aber was schenken wir denn dem Gotteskind?"

Justus schaut in seine Tasche.

„Ich hab noch ein Paar Socken", murmelt er. „Da muss das Gotteskind wohl noch ein bisschen reinwachsen."

Er hält ein Paar große Wollsocken in die Höhe. Die Eltern lachen.

„Ich hab's", ruft Joschua und hält ein Schaffell hoch. „Ich schenke ihm mein Lieblingskuschelfell!"

Auch Rick hat eine Idee. „Meine Flöte kann das Gotteskind haben, die habe ich selbst geschnitzt!"

Traurig schaut Luis seine Hirtenfreunde an. „Ich habe gar nichts für das Gotteskind. Meine Socken haben Löcher, mein Schaffell ist schmutzig und meine Flöte habe ich heute nach einem Wolf geworfen, der die Schafe angreifen wollte."

Die drei anderen schauen ihn an.

„Dann bleib doch hier und pass auf die Schafe auf!", meint Justus.

Luis schüttelt den Kopf.

„Ich will auch mit zu dem Gotteskind!", sagt er bestimmt.

Die Hirten laufen ein paar Mal hin und her und dann zu dem braunen Zeltstall. Maria und Josef, die auch von zwei Vorschulkindern gespielt werden, stehen neben der Krippe und schauen die Hirten an. Joschua ist als Erster da.

„Herzlichen Glückwunsch zur Geburt eures Kindes! Wir wollen dem Gotteskind ein paar Geschenke bringen. Die Engel haben uns eingeladen. Wie heißt das Kind denn?"

„Jesus heißt es", strahlt Josef. „Schön, dass ihr da seid!"

Justus legt seine Socken in die Krippe.

„Schön, dass du geboren bist. Hier, damit du nie kalte Füße bekommst."

Dann kommt Joschua:

„Ich freu mich, dass du da bist und schenke dir das kuscheligste Fell, das ich habe. Viel Spaß damit!"

Jetzt ist Rick an der Reihe: „Meine Flöte ist echt toll. Ich hätte dir auch eine neue geschnitzt. Aber ich habe gerade erst erfahren, dass du geboren bist!"

Nun ist nur noch Luis da. Langsam kommt er näher.

„Lieber Jesus, schön, dass du geboren bist. Leider habe ich nur leere Hände. Ich kann dir nur mein Herz schenken. Ich hab dich lieb!"

Jetzt ist es ganz still in der Turnhalle. Wenn das Jesuskind keine Puppe wäre, dann hätte es den Hirten Luis mit den leeren Händen bestimmt angelächelt.

22. Dezember
Wunderbar beschenkt

Nach der Kindergartenweihnachtsfeier stapft die Familie durch den Schnee nach Hause. Mama ist nachdenklich, sie sagt kein Wort. Lotta zupft an ihrer Hand.

„Mama", fragt sie, „bist du traurig? Hat dir unser Theaterstück nicht gefallen?"

„Doch, mein Schatz, sagt sie und drückt Lottas Hand ganz fest. „Mir hat das Stück sogar sehr gut gefallen. Aber es hat mich auch nachdenklich gemacht. Mich beschäftigt die Szene, in der Luis als Hirte ohne ein Geschenk bei Jesus an der Krippe stand und ihm einfach nur sagte: ,Ich hab dich lieb!'"

„Aber warum?", will Luis wissen. „Hab ich da was Falsches gesagt?"

Mama schüttelt den Kopf. „Nein, ganz im Gegenteil. Das ist genau das, was Jesus sich von uns wünscht: dass wir ihn lieb haben. Aber jetzt sind es nur noch zwei Tage bis Heiligabend und ich muss zugeben, dass ich in der ganzen Adventszeit noch nicht viel an Jesus gedacht habe. Ich denke an Weihnachtsessen, Weihnachtsgeschenke, Weihnachtspost, Weihnachtsbaum, Weihnachtsputz ... aber nicht an Jesus. Und das macht mich traurig."

„Du hast mir doch erzählt", überlegt Lotta, „dass man mit Jesus alles wieder in Ordnung bringen kann. Weihnachten ist ja erst übermorgen. Bis dahin kannst du das doch noch mit Jesus klären."

Lotta möchte einfach nicht, dass Mama traurig ist. Besonders nicht nach so einem schönen Tag.

„Lotta hat recht", mischt Papa sich jetzt ein. „Im Weihnachtstrubel kann man das Wichtigste schon mal vergessen. Aber es ist nie zu spät, mit Jesus darüber zu sprechen. Was haltet ihr davon, wenn wir zu Hause noch Tee trinken, dabei die Adventskerzen anzünden und Jesus sagen, wie lieb wir ihn haben? Das ist dann so wie bei Luis in dem Theaterstück."

„Oh ja, das ist eine schöne Idee", stimmt Mama zu und lächelt.

Zu Hause machen sie es, wie Papa es vorgeschlagen hat. Als alle um den Adventskranz sitzen, beginnt Papa laut zu beten. Dabei faltet er die Hände und schließt die Augen. Papa weiß, dass Jesus unsichtbar überall dabei ist und ihn jetzt hört.

„Lieber Jesus", betet Papa. „In der Bibel steht, Gott, der Vater im Himmel, hat uns Menschen so sehr lieb, dass er dich auf die Welt geschickt hat. Danke, dass du zu uns gekommen bist. Es tut uns leid, dass wir in dieser Adventszeit mit all den Weihnachtsvorbereitungen so beschäftigt sind und gar nicht richtig an dich denken. Wir wollen uns auf dich freuen. Hilf du uns doch dabei. Amen."

„Darf ich auch?", fragt Luis und schaut Papa an.

„Natürlich", nickt Papa. „Jeder darf mit Jesus sprechen. So wie bei unserem gemeinsamen Abendgebet im Bett kannst du jetzt mit Jesus reden."

Luis faltet seine Hände und macht die Augen zu.

„Lieber Jesus", betet nun auch er. „Als ich im Kindergarten an der Krippe stand, da hab ich gesagt: ‚Ich hab dich lieb.' Das gehörte ja zu dem Theaterstück, aber ich will dir noch mal sagen, dass ich das ernst meine. Also auch in echt: Ich hab dich lieb. Fertig!"

Nun möchte Lotta auch beten.

„Lieber Jesus, ich finde es schön, dass du mir hilfst, Sachen wieder in Ordnung zu bringen, so wie bei dem Streit mit Sophie und der kaputten Tasse von Luis. Zeig jetzt bitte Mama, wie lieb du sie hast und dass du ihr nicht böse bist, wenn sie ans Putzen und an Geschenke denkt. Das ist ja auch wichtig. Amen."

Mama hat Tränen in den Augen, als auch sie betet.

„Lieber Jesus, danke dafür, dass ich eine so tolle Familie von dir geschenkt bekommen habe. Danke für Tom, für Lotta und für Luis. Danke dafür, dass wir deinen Geburtstag feiern können und deine Liebe größer ist als alles, was wir falsch machen. Du hast uns wunderbar beschenkt! Amen."

23. Dezember

Neue Weihnachtskugeln

Lotta wird von einem lauten Knall geweckt.

„So ein Mist!", ruft Papa ärgerlich.

„Ich hab dir doch gleich gesagt, du sollst mehrmals gehen", schimpft Mama. „Aber ihr Männer meint ja, mit Kraft lässt sich alles regeln!"

Dann knallt eine Tür. Lotta springt aus dem Bett.

Was ist denn hier los?, fragt sie sich.

Luis sitzt auf der Treppe und sieht gar nicht glücklich aus.

„Mama und Papa haben Streit", meint er traurig. „Ich glaube, es geht um den Weihnachtsbaum."

Lotta schleicht an Luis vorbei die Treppe hinunter. Mama sitzt in der Küche und hält die Hände vors Gesicht. Lotta erschrickt. Ob Mama weint? Auf dem Fußboden vor der Wohnzimmertür liegen mehrere Kartons mit zerbrochenen Weihnachtskugeln. Die sind Papa wohl heruntergefallen. Jetzt schaut Mama Lotta an. Nein, sie hat nicht geweint, aber beinahe.

„Ach, Lottamaus", seufzt sie. „Haben wir dich geweckt mit unserem Krach? Wir wollten den Weihnachtsbaum schmücken und euch damit überraschen. Deshalb haben wir heute Morgen so früh angefangen. Und nun ist alles kaputt."

Luis ist die Treppe heruntergekommen, und Papa taucht aus dem Wohnzimmer auf. Alle schweigen. Dann redet Lotta als Erste.

„Könnt ihr nicht einfach ‚Entschuldigung' sagen und euch wieder vertragen? Das machen Luis und ich auch, wenn wir uns gestritten haben", schlägt sie vor.

Niemand sagt ein Wort.

„Ja, das machen wir!", versucht Luis es nun. „Und wenn Kinder das können, dann können Eltern das erst recht."

Papa ist noch sauer.

„So einfach ist das nicht", grummelt er. „Außerdem ist der Weihnachtsbaumschmuck trotzdem kaputt."

Lotta gibt nicht auf.

„Morgen ist Weihnachten", erinnert sie die Eltern, „und Jesus bringt die Dinge wieder in Ordnung. Gestern Abend habe ich das doch gebetet!"

„Genau", nickt Luis. „Und wenn ihr jetzt streitet, dann sind nicht nur die Kugeln kaputt, sondern das ganze Weihnachtsfest! Gestern hat Mama noch gesagt: ‚Es geht um Jesus und nicht um Deko!'"

Lotta und Luis schauen ihre Eltern an.

„Ihr habt ja recht", beginnt Mama. „Also: Es tut mir leid, dass ich dich angeschrien habe", sagt sie zu Papa.

Papa schaut Mama an.

„Entschuldigung, dass ich so viele Kartons auf einmal getragen und sie dann fallen gelassen habe."

Luis nimmt Papas Hand.

„So, nun Hand geben, in den Arm nehmen, küssen und wieder lieb haben!", bestimmt er.

Da müssen Mama und Papa lachen und nehmen sich tatsächlich in den Arm.

Lotta schaut auf die zerbrochenen Kugeln. „Und woher bekommen wir jetzt neue Kugeln?", will sie wissen.

„Eigentlich möchte ich keine neuen Kugeln kaufen", antwortet Mama. „In der Stadt ist es heute total voll und Weihnachtskugeln kauft man nicht jedes Jahr. Die möchte ich in Ruhe aussuchen."

„Dann machen wir das nach den Feiertagen. Da sind die Kugeln auch viel billiger, weil Weihnachten vorbei ist!" Papa denkt praktisch.

„Und was hängen wir dann in den Baum?", will Luis wissen.

Mama zuckt mit den Schultern. „Wir lassen uns gemeinsam etwas einfallen, oder?"

Erst einmal beseitigen sie die Scherben. Beim Frühstück überlegen sie, wie sie die Kugeln ersetzen könnten. Als Papa vorschlägt, sie könnten doch seine alten Tischtennisbälle nehmen, müssen alle lachen. Das tut gut, findet Lotta.

Aber dann hat Mama eine Idee:

„Ich habe doch für die Weihnachtstage so schöne Servietten gekauft: silberne mit Noten von Weihnachtsliedern darauf. Wenn wir die Servietten um die Tischtennisbälle wickeln und mit silbernem Geschenkband festbinden, sieht das bestimmt hübsch aus."

Lotta und Luis sind begeistert. Während Luis und Papa die Lichtergirlanden im Baum verteilen und Holzfiguren und Strohsterne aufhängen, basteln Lotta und Mama neue Weihnachtskugeln. Sie legen einen Tischtennisball in die Mitte einer Serviette – auf die unbedruckte Seite –, nehmen dann die vier Ecken und binden sie mit silbernem Geschenkband zusammen. Dabei machen sie eine kleine Schlaufe zum Aufhängen.

Mittags ist alles fertig. Bewundernd steht die Familie vor ihrem geschmückten Baum. Lotta hält Mamas Hand.

„Das sieht so schön aus. Und alles ist wieder in Ordnung!", sagt sie leise.

24. Dezember

Herzlich willkommen im Stall von Betlehem

Lotta sitzt auf ihrem Bett und kann die Beine einfach nicht stillhalten. Heiligabend ist furchtbar aufregend, findet sie. Die Zeit scheint zu kriechen wie eine Schnecke. Jedes Spielzeug ist heute langweilig. Hoffentlich gehen sie bald zum Heiligabend-Gottesdienst. Wenn sie dann wieder nach Hause kommen, dürfen sie endlich ins Wohnzimmer. Das ist wie in jedem Jahr auch heute fest verschlossen. Niemand darf vorher hinein.

Damit die Wartezeit besser auszuhalten ist, macht Papa mit den Zwillingen einen Spaziergang. Als sie nach Hause kommen, ist Mama ganz unruhig.

„Tom, ich muss mal mit dir reden", sprudelt es aus ihr heraus. „Als ich vorhin den Müll rausgebracht habe, bin ich unserer Nachbarin, Frau Budde, begegnet. Wir haben uns über das Weihnachtsfest unterhalten. Ich habe sie gefragt, wo sie heute Abend feiert. Da hat sie angefangen zu weinen und mir erzählt, dass sie ganz allein ist. Ihr Sohn ist mit seiner Familie über Weihnachten in den Urlaub gefahren. Und sonst hat sie niemanden mehr. Tom, ich konnte das nicht mit ansehen und habe sie zu uns eingeladen."

Papa guckt Mama mit großen Augen an.

„Tja", antwortet er nach einer Weile. „Das ist wirklich eine Überraschung. Wir feiern also Heiligabend mit einer Frau, die wir kaum kennen."

„Das ist doch toll", meint Luis ganz locker, „fast so wie am richtigen Heiligen Abend. Da ist Jesus gerade geboren und Maria und Josef sitzen in einem Stall. Die Tür geht auf und jede Menge Hirten kommen rein. Josef und Maria kannten die doch auch nicht. Und dann kommen noch die Sternmänner – noch mehr Fremde. Aber Maria und Josef haben sich sicher gefreut."

„Na, dann wäre ja alles geklärt!", lacht Papa.

„Wirklich?" Mama ist erleichtert.

„Du hast doch deinen Sohn gehört", meint Papa. „Im Stall von Betlehem war damals jeder herzlich willkommen. Was soll ich also dagegen haben? Wann kommt Frau Budde denn?"

„Ich habe ihr gesagt, dass für uns der Heiligabend mit dem Gottesdienst beginnt und sie auch dazu herzlich eingeladen ist. Frau Budde meinte, sie gehe sonst nicht in die Kirche, möchte aber gerne mitkommen."

Um halb drei nachmittags sitzt eine aufgeregte Familie mit einer aufgeregten Nachbarin im Auto und fährt zur Kirche. Es ist ein wunderschöner Heiligabend-Gottesdienst mit Chor, einem kleinen Theaterstück und der Einladung, den Geburtstag von Jesus zu feiern. Frau Budde wischt sich mehrmals mit dem Taschentuch über die Augen. Als Lotta das sieht, nimmt sie all ihren Mut zusammen und legt ihre kleine Hand in die der Nachbarin. Frau Budde drückt Lottas Hand und lässt sie bis zum Ende des Gottesdienstes nicht mehr los.

Zu Hause warten alle ungeduldig darauf, dass Papa das Glöckchen läutet. Dann treten sie feierlich ins Wohnzimmer ein. Frau Budde bleibt ein paar Schritte zurück, als wolle sie die besondere Stimmung bei der kleinen

Familie nicht stören. Papa drückt ihr ein Glas Sekt in die Hand und nimmt sie mit hinein. Die Kinder bekommen Kinderpunsch. Alle wünschen sich „Frohe Weihnachten". Danach singen sie gemeinsam „O du fröhliche" und gehen dabei Hand in Hand um den Weihnachtsbaum. Lotta und Luis versuchen schon zu erraten, welche Geschenke für sie unter dem Baum liegen. Papa schaut auf die gebastelten Weihnachtskugeln und freut sich über den besonderen Moment mit der ganzen Familie. Mama ist froh, dass sie Frau Budde eingeladen hat. Die wischt sich noch eine Träne aus den Augen.

Als das Lied zu Ende ist, setzen sich alle auf die Sofas. Lotta und Luis packen ihre Geschenke aus. Lotta bekommt den gewünschten Puppenwagen und Luis eine Ritterburg. Die Zwillinge sind glücklich. Von Frau Budde bekommen beide eine Tafel Schokolade. Mama und Papa schenkt sie eine Schachtel Pralinen und eine Flasche Wein.

„Wir haben leider kein Geschenk für sie", entschuldigt Mama sich, als sie sich bedankt.

„Sie haben mir das größte Weihnachtsgeschenk gemacht, das ich jemals bekommen habe!", lächelt Frau Budde. „Heute habe ich zum ersten Mal verstanden, warum wir Weihnachten feiern – und das, obwohl ich schon über sechzig Jahre alt bin. Ich bin im Osten von Deutschland aufgewachsen, da hat mir niemand vom wirklichen Grund für das Weihnachtsfest erzählt. Aber Ihr Pastor hat das heute so schön erklärt."

„Wenn Sie möchten, können wir Sie nächsten Sonntag wieder zum Gottesdienst mitnehmen", schlägt Papa vor.

„Gerne", lächelt Frau Budde, nimmt ihr Glas und hebt es hoch. „Danke für den wunderschönen Abend."

Die Autorin

Kirsten Brünjes, Jahrgang 1969, lebt mit ihrem Mann und ihren drei Kindern in Kierspe.

Schon seit Kindertagen hat sie gerne Geschichten geschrieben und erzählt – und später für ihre Kinder Gute-Nacht-Geschichten erfunden.

Weitere Erlebnisse von Lotta und Luis gibt es in Büchern zum Vorlesen oder Selberlesen oder auf CDs:

Mehr Infos zu den Büchern und CDs unter:
www.bibellesebund.net